礼记
这样读

洛秋凉 主编

中国民族文化出版社
北京

图书在版编目（CIP）数据

礼记这样读 / 洛秋凉主编 . —北京 : 中国民族文
化出版社有限公司 , 2023.4
ISBN 978-7-5122-1666-2

Ⅰ . ①礼… Ⅱ . ①洛… Ⅲ . ①《礼记》—研究 Ⅳ .
① K892.9

中国国家版本馆 CIP 数据核字（2023）第 057668 号

礼记这样读
LIJI ZHEYANG DU

主　编	洛秋凉
责任编辑	王　华
责任校对	李文学
出 版 者	中国民族文化出版社　地址：北京市东城区和平里北街 14 号
	邮编：100013　联系电话：010-84250639　64211754（传真）
印　装	金世嘉元（唐山）印务有限公司
开　本	720mm×1020mm　1/16
印　张	16
字　数	230 千字
版　次	2023 年 9 月第 1 版第 1 次印刷
标准书号	ISBN 978-7-5122-1666-2
定　价	69.80 元

前　言

经典的价值和魅力在岁月的长河里永不褪色，先贤圣哲的智慧光芒照耀着我们的现代生活。中华经典孕育于自然，成长于生活和实践，着眼于家国，宣讲着历史中积累的智慧，展现着与现代生活息息相关的魅力。

中国素称"礼仪之邦"，"礼"是中国古代儒家思想体系的核心价值观念，也是中国传统文化的重要内容。《礼记》与《周礼》及《仪礼》合称"三礼"，是记录中国"礼"文化的重要典籍，对中国文化产生了深远的影响。《礼记》是秦汉之前儒家礼学文献的选集，是关于儒家礼乐文化的资料汇编。而且，《礼记》中阐明的思想和日常礼仪与我们的生活发生了密切的联系。

《礼记》这部儒学杂编，内容丰富，本书选文大体上可分成以下几个方面：

有记述各种礼制的，如《王制》《礼器》《郊特牲》《玉藻》《明堂位》《大传》等篇。

有侧重记日常生活礼节和守则的，如《曲礼》《内则》《少仪》等篇。

有记录孔子言论的，如《坊记》《表记》《儒行》等。这些篇章大都是托名于孔子的儒家言论。

有结构比较完整的儒家论文，如《礼运》《学记》《祭义》《经解》

《中庸》《大学》。

此外，还有关于授时颁政的《月令》。

总之，《礼记》不仅是一部解读规章制度的典籍，也是一部阐释仁义道德的图书，更能为我们提供了解和研究儒家思想的重要史料。

为了使本书以更好的样貌呈现给读者，我们集合了多位专家和写作经验丰富的作者，查阅了大量资料，共同完成编写工作。

书中难免错误纰漏，恳请读者批评指正。

目录

曲礼

敖不可长①，欲不可从②，志不可满，乐不可极③。

注释

① 敖：郑玄读作"傲"，傲慢。王肃读作"遨"，意思是遨游。两者都能说通，后人较多认同使用郑玄的解释。长（zhǎng）：滋长。

② 从（zòng）：通"纵"，放纵。

③ 乐（lè）：快乐，高兴。极：达到顶点。

译文

傲慢之心不可滋长，欲望不可放纵，志向不可自满，享乐不可没有限度。

贤者狎①而敬之，畏而爱之。爱而知其恶②，憎而知其善。积而能散③，安安④而能迁。临财毋苟⑤得，临难毋苟免。

注释

①狎（xiá）：亲近而不庄重。这里指亲近。

②恶（wù）：此处指缺点或者毛病。

③积而能散：郑玄注："谓己有蓄积，见贫穷者，则当能散以周救之。"

④安安：前一"安"字，指安心适应，后一"安"字指安逸显荣的生活和地位。

⑤苟：随便，侥幸。

译文

对于贤能的人，要亲近和尊敬他，敬畏并爱戴他。对于自己所喜爱的人，要知道他的缺点；对于憎恶的人，也能了解他的优点。能积蓄财富，也能捐献财物接济他人。能适应平安稳定，也能适应变化不定。遇到财物不随便取得，面临危难也不轻易逃避。

礼，闻来学，不闻往教①。

注释

①礼，闻来学，不闻往教：孔颖达疏："礼闻来学者，凡学之法，当就其师处，北面伏膺。不闻往教者，不可以屈师亲来就己。"郑玄注："尊道艺也。"

 **译文**

按照礼的要求，听说过有学生主动到师门拜师学艺的，未听说老师反要到学生那里去施教的。

鹦鹉能言，不离飞鸟；猩猩能言，不离禽兽。今人而无礼，虽能言，不亦禽兽之心乎？夫唯禽兽无礼，故父子聚麀[1]。是故圣人作[2]，为礼以教人，使人以有礼，知自别于禽兽。

 注释

① 父子聚麀（yōu）：指雄兽父子共一雌兽的行为。麀，牝鹿、母鹿。
② 作：兴起。

 译文

鹦鹉会学人说话，但始终是飞鸟；猩猩会学人说话，但始终是禽兽。如果作为人而不知礼，即使能说话，不也是禽兽之心吗？正因为禽兽没有礼的约束，才会有雄兽父子共同拥有一个雌兽的现象。因此，圣人出现，制定了礼来教育感化人们，使他们变得有礼，进而知道自己跟禽兽有区别。

礼尚往来[1]。往而不来，非礼也；来而不往，亦非礼也。

 注释

① 往：指对他人施以恩惠。来：指接受被施恩惠者的回报。

译文

礼崇尚施恩与回报。只施恩而得不到回报，不是礼的规定；得到他人施恩却不回报，也不合乎礼的规定。

人生十年曰幼，学[1]；二十曰弱，冠[2]；三十曰壮，有室[3]；四十曰强，而仕[4]；五十曰艾，服官政[5]；六十曰耆，指使[6]；七十曰老，而传[7]；八十、九十曰耄……百年曰期，颐[8]。

 注释

[1] 人生十年曰幼，学：郑玄注："名曰幼时始可学也。"之后产生"幼学"一词，代指十岁。

[2] 二十曰弱，冠：指的是人到了二十岁，便已成年，是该举行冠礼的时候了。曰"弱"，是因为孔颖达说："体犹未壮，故曰弱也。"后产生"弱冠"一词，指男子二十岁。

[3] 有室：娶妻，指男子三十岁。

[4] 四十曰强，而仕：四十岁时人的身体各方面素质最强，即可出仕为官了。后产生"强仕"一词，指男子四十岁。

[5] 艾：孔颖达说："年至五十，气力已衰，发苍白，色如艾也。"服官政：参与国家政务。

[6] 六十曰耆（qí），指使：意思是六十岁叫耆，这时候做事就可以役使别人了。后

产生"耆指"一词，指男子六十岁。

⑦七十曰老，而传：七十岁叫作老，可以把家事交给子孙掌管了。后产生"老而传"一词，指男子七十岁。

⑧期：一百岁叫作期。颐：颐养天年，保养年寿。后产生"期颐"一词，指男子一百岁。

 译文

男子长到十岁称作幼，这时候可以求学了。二十岁称作弱，这时候就该举行弱冠礼了。三十岁称作壮，这时候就该娶妻了。四十岁叫作强，这时候就该出仕为官了。五十岁称作艾，这时候就该参与国家的政务了。六十岁称作耆，这时候就可以指使他人了。七十岁称作老，这时候就该把家事的管理交给儿孙了。八九十岁的人称作耄……百岁老人称作期，颐养天年，儿孙要尽心供养。

凡为人子之礼：冬温而夏凊①，昏定而晨省②。

 注释

①冬温而夏凊（qìng）：冬天过得温暖，夏天过得凉爽。

②昏定：晚上为父母铺床安枕。晨省（xǐng）：早晨向父母问安。

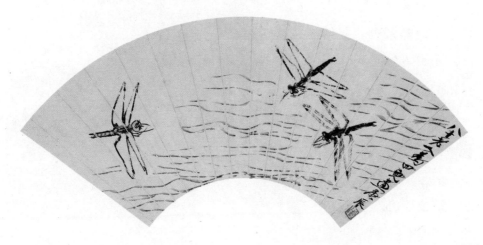

 译文

凡是为人子女的都应该做到这样的礼：冬天让父母过得温暖，夏天让父母过得清凉；晚上服侍他们安寝，早晨向他们问候请安。

夫为人子者，出必告，反必面①。……年长以倍，则父事之；十年以长，则兄事之；五年以长，则肩随之②。

 注释

①出必告，反必面：实际为"出必告面，反必面告"，是互文句。
②肩随之：并行时斜出其左右而稍居后。是年幼者待年长者的礼仪，表示谦逊。

 译文

作为子女，出门前一定告知父母，回到家后也要当面拜见。……对于比自己年长一倍的人，要像待父亲一样侍奉他；比自己年长十岁的人，要像对待兄长一样对待他；年长五岁的人，可以跟他并肩而行但要稍稍居后。

孝子不服①暗，不登危，惧辱亲也。父母存，不许②友以死。不有私财。

 注释

①服：行事，做事。
②许：应许，许诺。

译文

　　孝子不在暗中做事，不心存侥幸做危险的事，担心给父母带来不善于教子的恶名。父母在世，不应许诺为朋友献身，钱财由父母掌管，不能自己留下。

　　为人子者，父母存，冠衣不纯①素。孤子②当室，冠衣不纯采。

 注释

　　①纯（zhǔn）：镶边。
　　②孤子：年幼丧父的孩子。

 译文

　　作为子女，如果父母在世，帽子衣服不可用白色镶边。年幼丧父的嫡子，除丧后帽子衣服不用彩色镶边。

　　将上堂，声必扬。户外有二屦①，言闻则入，言不闻则不入。将入户，视必下②。入户奉扃③，视瞻毋回④。户开亦开，户阖亦阖。有后入者，阖而勿遂⑤。

　　①二屦：即两个人的鞋子。屦，鞋子。
　　②将入户，视必下：视，目光、视线。这里指担心冲撞他人的隐私。

③奉扃（jiōng）：捧着门闩。这里指两手向心捧门闩状，表示神情严肃。

④回：指东张西望。

⑤遂：把门关死。

译文

　　客人即将进入主人家的堂室，一定要发出大的声音。看到门外有两双鞋子，听到屋里有人说话才能进去，否则就不进门。将要进门，视线要向下看。进门后要神情严肃，不要左顾右盼。进门时门是开着的就让它开着，门是关着的就让它关着。如果后面还有来者，就把门轻轻关上，但不能关紧。

　　堂上接武①，堂下布武②。室中不翔③，并坐不横肱④。授立不跪⑤，授坐不立。

注释

①接武：指后脚印紧接着前脚印，足迹相接，即小步慢走。武，足迹。

②布武：前后脚印间有一定距离，指大步而行。

③翔：指走路时张开两臂。

④并坐不横肱：二人并排而坐，不能横起胳臂。

⑤授立不跪：把东西给站着的人自己不用跪。

译文

　　在厅堂上走路要徐徐慢行，堂下可以大步快走。在室内不能甩开两臂快走，两人并排而坐，不要横起胳膊。给站着的人递东西自己不用跪，

给坐着的人递东西自己不可站立。

毋剿说①，毋雷同。

注释

①毋：不能，不可以。剿说：剽窃，抄袭。

译文

不能抄袭别人的东西，不能人云亦云，没有主见。

侍坐于君子，君子欠伸，撰①杖屦，视日蚤莫②，侍坐者请出矣。侍坐于君子，君子问更端，则起而对。侍坐于君子，若有告者曰："少间③，愿有复④也。"则左右屏⑤而待。

注释

①撰：拿取，持。
②蚤莫：蚤，通"早"。莫，通"暮"。

③间（xián）：空闲时间。

④复：报告。

⑤屏（bǐng）：退避。

 译文

陪坐在君子身边，看到君子打哈欠，伸懒腰，拿起手杖，穿鞋或者看时间，陪坐的人就该主动请辞。陪坐在君子身边，君子如果换了一个新话题，陪坐的人则起立回答。陪坐在君子身边，假如有人进来说："占用一点儿空闲时间，有事情要说。"陪坐的人要退避到听不见来人说话的地方，在那里等待片刻。

离①坐离立，毋往参焉。离立者，不出中间。男女不杂坐，不同椸枷②，不同巾栉③，不亲授。嫂叔不通问，诸母不漱裳。外言不入于梱④，内言不出于梱。女子许嫁，缨⑤，非有大故⑥，不入其门。

 注释

①离：偶，表示成双成对。

②椸（yí）：晾衣服的竿子。枷（jià）：通"架"，衣架。

③巾：面巾。栉（zhì）：梳子。两者泛指盥洗用具。

④梱（kǔn）：门限。

⑤缨：五彩丝绳，女子许嫁后用以束发，表示女子已有婚配对象，直到新婚之夜由丈夫亲手解下。

⑥大故：大的变故，灾、祸、丧、病等一类事情。

译文

　　遇到两人坐在一起或站在一起，不经相邀，自己就不要再参与其中。遇到两人并排而立，不刻意从他们中间穿过。男女不可混杂坐在一起，不能共用衣架、毛巾和梳子，给东西不能亲手交接。小叔和嫂嫂之间不互相问候、交谈。不能让庶母给自己洗衣裳。男子在外的职事不说给家中妇女，闺房中的话不流传到闺房之外。女子订婚之后，要佩戴表示已有婚配对象的五彩丝绳。没有大的变故，不进入她的房门。

　　父母有疾，冠者不栉，行不翔，言不惰①，琴瑟不御②。食肉不至变味，饮酒不至变貌，笑不至矧③，怒不至詈④。疾止复故。

 注释

①言不惰：不说开玩笑的话。郑玄云："惰，不正之言。"
②御：用，引申为弹奏。
③矧（shěn）：齿龈。
④詈（lì）：骂，责骂。

译文

父母有疾病，成年的儿子不梳头打扮，走路也不甩开双臂，不说不正的言辞，不弹奏乐器。肉吃得少了不致变了口味；饮酒也不会喝到变了脸色；不能开怀大笑，以致露出齿龈；发怒也不至于到骂人的地步。父母病好后，做儿子的才恢复到平常生活的状态。

居丧之礼，毁瘠不形①，视听不衰。升降不由阼阶②，出入不当门隧③。居丧之礼，头有创则沐④，身有疡则浴，有疾则饮酒食肉，疾止复初。不胜丧⑤，乃比于不慈不孝。五十不致毁，六十不毁，七十唯衰麻在身⑥，饮酒食肉，处于内。

 注释

① 毁瘠不形：可以因为悲伤而消瘦，但不能形销骨立。

② 不由阼阶：阼阶，东阶，供主人上下的台阶。

③ 门隧：迎着大门的中道。

④ 创：通"疮"。沐：洗头。

⑤ 不胜丧：因为悲伤过度坏了身体而不能承担丧事。

⑥ 七十唯衰（cuī）麻在身：七十岁的人只需要在身上披麻戴孝即可。衰是指孝服，麻指的是腰上束的、头上缠的麻带。

 译文

子女居丧的礼节：不能因为悲伤而形销骨立，视力与听力不可减退。上下堂不走父母常走的东阶，出入大门不走门外当门的中道。子女居丧的礼节，头上生疮允许洗头，身上长疮允许洗澡。发生生病这样的特殊情况，可以饮酒吃肉，病好后要和原来一样。如果因为太过悲伤而不能主持丧事，那么同不慈不孝没有分别。五十岁的人守丧不要因过度悲伤而损坏身体。六十岁的人不可以因悲伤而毁坏身体。七十岁的人身上披麻戴孝即可，允许喝酒吃肉，不必守孝，住在居室内。

吊丧弗能赙①，不问其所费；问疾弗能遗，不问其所欲；见人②弗能馆，不问其所舍。赐人者不曰"来取"，与人者不问其所欲。

注释

①赙（fù）：送财物帮人办理丧事。

②见人：行人。

译文

不能用财物帮人处理丧事，就不要问办丧事的费用。问候病人如果不送什么东西，就不要问病人想要什么。如果不能留宿行人，就不要问他住在哪里。赠送别人礼物，不可叫人来取。给人东西，不能问人想要什么。

适墓不登垄①，助葬必执绋②。临丧不笑。揖人必违其位。望柩不歌，入临不翔。当食不叹。邻有丧，舂不相③；里有殡，不巷歌。适墓不歌。哭日不歌。送丧不由径，送葬不辟途潦。临丧则必有哀色，执绋不笑，临乐不叹，介胄则有不可犯之色。故君子戒慎，不失色④于人。

注释

①垄：冢，坟，墓堆。

②绋（fú）：出殡时用以拉柩车的绳子。

③邻：五家为邻。另有"里"，二十五家为里。相（xiàng）：舂谷时的号子声。

④不失色：表情与场合不一致。

译文

到墓地不能登上坟头，帮助送葬，一定要拉着引棺索，助挽枢车。参加葬礼，不可嬉笑。对人行礼作揖时必须起身离开原位。见到棺枢，不可唱歌。去到丧家，走路不要甩开胳膊。吃饭时不能唉声叹气。邻居有丧事，即便在春米也不可喊号子；邻里有停殡待葬的，不在巷子里唱歌。到墓地去不要唱歌。吊丧之日，别人在哭的时候也不要唱歌。送丧不要走小路捷径。送葬不避开路上的积水。参加丧事要有哀戚的表情，手持拉枢车的绳子时不可嬉笑，欣赏歌舞奏乐时不要叹气，戴上头盔披上铠甲，就要表现出不可侵犯的情态。所以君子要小心谨慎，不在人前失态。

礼不下庶人①，刑②不上大夫。

注释

①庶人：百姓，平民。
②刑：指滥用刑具给罪人带来的羞辱。

译文

礼是士大夫阶层能够讲究的，平民百姓可以不用讲究。士大夫犯了罪，惩罚时要留有颜面，不能乱用刑罚而侮辱他们的人格。

父之雠①，弗与共戴天。

 注释

① 雠：仇敌。

 译文

做儿子的对待杀父的仇人，不是你死就是我亡，不能共存于人世间。

入竟而问禁①，入国而问俗，入门而问讳②。

 注释

① 入竟：到新的地方。竟，通"境"。禁：禁忌。
② 入门：进入别人的家门。问讳：询问主人家的家讳。

 译文

一旦到了新地方，必须先打听当地的禁忌，要做到入境随俗；到了一个新的国家，必须先打听这个国家的风俗；到别人家做客，要先打听主人的家讳，以便在言谈中避开。

侍于君子①，不顾望而对②，非礼也③。

 注释

① 侍：陪从，伺候。君子：指尊长、有德行的人、有学问的人。
② 顾望：环视。对：对答，回答。
③ 非礼也：是失礼的。

 译文

陪坐在君子身旁，如果君子提出一个问题，自己贸然回答而不环视周围是否有胜过自己的人，这是不符合礼的。

君子已孤不更名①。已孤暴贵②，不为父作谥③。

 注释

① 已孤：指已经丧父，变成了孤儿。更名：改变、变换名字。
② 暴贵：暴，突然。此处意思是突然发迹变成显贵。
③ 谥：指古代帝王或者大臣死后被追加的带有褒贬意义的称号。

 译文

有德的君子在父亲过世之后不能更换名字。父亲去世之后，儿子突然身居显贵，也不须为父亲定谥号。

居丧①，未葬，读丧礼②。既葬，读祭礼③。丧复常④，读乐章⑤。居丧不言乐⑥，祭事不言凶⑦，公庭⑧不言妇女。

注释

①居丧：这里是指居父母三年之丧。

②丧礼：人死以后、下葬之前的一系列仪式都属于丧礼。仪式包括小殓、大殓、成服、朝夕奠、卜宅兆和葬日、穿圹、明器等。在丧礼期间，为了使孝子心无旁骛，不失礼数，只读与丧礼相关的书，其他书都不能读。

③祭礼：孔颖达认为，祭礼，虞、卒哭、祔、小祥、大祥之礼也。也就是说，下葬以后至大祥，历时二十五月，其间的所有礼数都属于祭礼。

④丧复常：意思是除服之后。

⑤乐章：指的是诗歌。读乐章，表示生活恢复正常，持丧已经结束。

⑥乐（yuè）：所有的娱乐活动泛称为乐。古代的乐有乐曲、诗歌和舞蹈等。

⑦祭事不言凶：由于祭祀属于吉礼，所以谈论凶事是不合时宜的。祭事，指祭祀之事。

⑧公庭：处理公事的地方。

 译文

在父母的丧期内，未葬之前，孝子应研读有关丧礼的书；下葬之后孝子应研读有关祭礼的书；大祥除服后，守丧期满，生活恢复正常，就可以诵读诗歌了。在守丧期间不能有娱乐活动，祭祀时谈论凶事是不合时宜的，在办公的地方不谈和妇女有关的事。

大夫见于国君，国君拜其辱①。士见于大夫，大夫拜其辱。同国始相见，主人拜其辱。君于士，不答拜也。非其臣，则答拜之。大夫于其臣，虽贱，必答拜之。男女相答拜也②。

 注释

①辱：此处的意思是屈驾光临。
②男女相答拜也：尽管男女有别，但是互相答拜之礼不可少。

 译文

大夫觐见主国国君，国君感谢他的屈驾光临要行拜礼。士人进见大夫，大夫也要行拜礼感谢士人的屈驾光临。同一个国家的人第一次相见，不管身份高低，都应该由主人先行拜礼来感谢客人的光临。国君对于自己国家的士人，不需要回礼答拜；但对于其他国家的士人，则需要回礼答拜。大夫对自己的家臣，即使家臣地位低下，也必须回礼答拜。男女之间也要互相回礼答拜。

岁凶①，年谷不登，君膳不祭肺②，马不食谷，驰道不除③，祭事不县④。大夫不食粱⑤，士饮酒不乐⑥。

注释

① 岁凶：年头不好，灾荒年。

② 君膳不祭肺：膳，美食的别称。不祭肺，不杀牲，也就是不吃肉。这里说国君以这种降低自己膳食标准的做法，来表示"自贬损，忧民也"。

③ 驰道不除：驰道，专供国君驰走车马之道。这句意思是驰道上的野菜不清除，以备饥民食用。

④ 祭事不县（xuán）：县，通"悬"，指钟磬等悬挂乐器。遇到祭祀之事，即使有悬挂的钟磬，也不演奏。

⑤ 梁：精细小米。梁在古代属于美食，通常只吃黍稷，把梁当作额外的餐食。

⑥ 乐：奏乐。

 译文

年头不好，遇到灾荒年，庄稼没有收成，国君就降低自己的膳食标准，不再杀牲吃肉，不用谷物喂马，驰道上的草也不清除，以备饥民食用，祭祀时即使有钟磬也不再演奏。大夫们不再吃精细的粮食，士人可以饮酒，但不能奏乐。

君无故①玉不去身②。大夫无故不彻县③。士无故不彻琴瑟。

 注释

① 故：指灾病疾丧。

② 玉不去身：玉不离身。古代君子以玉比德，故一直佩玉。

③ 不彻县：即不撤掉钟磬。彻：通"撤"，撤掉。

 译文

国君没有重大疾病灾丧，身上必须佩戴玉。大夫没有重大疾病灾丧，家里必有钟磬。士人没有重大疾病灾丧，身边必有琴瑟。

为人臣之礼，不显谏①，三谏而不听，则逃之②。子之事③亲也，三谏而不听，则号泣而随之④。君有疾饮药，臣先尝之。亲有疾饮药，子先尝之。医不三世⑤，不服其药。

注释

① 显谏：指不讲究方法，直言批评或者规劝。后面的"三谏"意思是多次进谏。谏，古代对国君和长辈的言行提出的批评或规劝。

② 逃之：离开国君。郑玄注："逃，去也。君臣有义则合，无义则离。"

③ 事：侍奉，服侍。

④ 则号泣而随之：意思是哭号着紧跟在父母身后。

⑤ 三世：指父子相传，传到第三代。

译文

为人臣子的礼节，不可直言国君的过失来劝谏。如果多次向国君进谏而不被接受，臣子就可以离开他。做儿子的服侍父母，多次规劝父母改正过失，父母也不听，就应该号泣着跟从他们（希望感动父母，使他们知悟而改）。国君生病服药，臣子要代为先尝。父母有疾服药，儿子也要先尝。如果不是世代相传的医生

开的药方，不能吃他的药。

天子死曰崩，诸侯曰薨，大夫曰卒，士曰不禄，庶人曰死①。在床②曰尸，在棺曰柩。

注释

①崩、薨、卒、不禄、死：这五个词都是"死亡"的意思，只不过由于死者身份的尊卑不同，而对其死的称谓也不同。

②在床：意思是人死了，尸体停留在床上。

译文

天子死了称为崩，诸侯死了称为薨，大夫死了称为卒，士死了称为不禄，庶人死了称为死。死者还在床上，叫尸；死者已入棺，叫柩。

凡挚①，天子鬯②，诸侯圭③，卿羔④，大夫雁⑤，士雉⑥，庶人之挚匹⑦。童子委挚而退⑧。野外军中无挚，以缨、拾、矢可也⑨。妇人之挚，椇、榛、脯、脩、枣、栗⑩。

注释

① 挚：通"贽"，见面礼。

② 鬯（chàng）：古代祭祀时用的美酒。

③ 圭：也作"硅"，是一种玉制的礼器。

④ 羔：羊羔。

⑤ 雁：用雁的意义，《白虎通》认为在于雁飞有行列。

⑥ 雉：野鸡。

⑦ 匹：后写作"鸥"，家鸭。

⑧ 童子委挚而退：童子献给老师礼品，放在地上以后就可以退下了。

⑨ 缨：驾车用的、绑在马颈上的皮带。拾：射鞲。古代射箭时使用的皮制护袖。

⑩ 椇（jǔ）：枳椇，也叫拐枣。榛（zhēn）：榛子。脯：肉干。脩：香料制成的干肉。椇、榛等是新妇初见公婆的六种见面礼。

 译文

凡是见面礼，天子用美酒，诸侯用玉圭，卿用羔羊，大夫用雁，士用野鸡，庶人用鸭子。童子给老师见面礼，老师不用答谢拜礼，学生可以放到地上便退下。在野外的军队中没有合适的礼物，可以用马缨、射鞲和箭代替。新妇初见公婆的见面礼，是拐枣、榛子、肉干、香料制成的干肉、枣子、栗子。

王制

王者之制禄爵①，公、侯、伯、子、男，凡五等。诸侯之上大夫卿②、下大夫、上士、中士、下士，凡五等。

 注释

① 制：制定。禄爵：俸禄和爵位。
② 上大夫卿：诸侯的卿均为上大夫，因此将上大夫、卿合为一等。

 译文

天子为臣下制定俸禄和爵位，分为公、侯、伯、子、男，共五等。诸侯为其臣下制定的爵位，分为上大夫卿、下大夫、上士、中士、下士，共五等。

制①：农田百亩②。百亩之分③，上农夫食九人④，其次食八人，其次食七人，其次食六人，下农夫食五人。庶人在官者⑤，其禄以是为差也。诸侯之下士视上农夫⑥，禄足以代其耕也。中

士倍下士⑦，上士倍中士，下大夫倍上士，卿四大夫禄⑧，君十卿禄⑨。次国之卿三大夫禄，君十卿禄。小国之卿倍大夫禄，君十卿禄。

注释

① 制：俸禄的分配制度。

② 农田百亩：国家分给每个农户农田百亩。

③ 分：通"粪"，指土地的肥瘠。

④ 上：指农田等级，第一等的农田百亩称为上。农田按肥瘠程度分五等：上、其次（第二等）、其次（第三等）、其次（第四等）、下（第五等）。食（sì）：喂养，养活。

⑤ 庶人在官者：平民百姓在官府当差。

⑥ 视上农夫：他的俸禄比照受第一等农田的农夫。

⑦ 中士倍下士：诸侯中士的俸禄是下士的两倍。

⑧ 卿四大夫禄：大国的卿的俸禄是大夫的四倍。

⑨ 君十卿禄：大国国君的俸禄是卿的十倍。

译文

分配俸禄的制度：每个农户受田一百亩。百亩农田按其土地的肥瘠程度分为五等，第一等的百亩之田一个农夫可以养活九口人，第二等的百亩之田可以养活八口人，第三等的百亩之田可以养活七口人，第四等的百亩之田可以养活六口人，第五等的百亩之田可以养活五口人。平民在官府任职的，他们的俸禄也参照这个等级受田。大诸侯国的下士的俸禄比照第一等田的农夫，他们的俸禄足可以能养活九口人。中士的俸禄为下士的两倍，上士为中士的两倍，下大夫的俸禄为上士的两倍。大国的卿的俸禄为大夫的四倍，国君的俸禄为卿的十倍。中等诸侯国的卿的俸禄为大夫的三倍，国君的俸禄为卿的十倍。小诸侯国的卿的俸禄为大夫的两倍，国君的俸禄为卿的十倍。

天子、诸侯无事则岁三田①：一为干豆②，二为宾客，三为充君之庖。无事而不田曰不敬；田不以礼③曰暴天物。天子不合围④，诸侯不掩群。天子杀则下大绥⑤，诸侯杀则下小绥，大夫杀则止佐车⑥。佐车止，则百姓田猎。獭祭鱼，然后虞人入泽梁⑦。豺祭兽⑧，然后田猎。鸠化为鹰，然后设罻罗⑨。草木零落，然后入山林。昆虫未蛰，不以火田⑩。不麛，不卵，不杀胎，不殀夭，不覆巢⑪。

注释

① 岁三田：一年之中，进行三次田猎。

② 干豆：将风干的肉放在豆中，叫作干豆。

③ 礼：意思是田猎规矩。

④ 不合围：不应该四面合围。同下句的"不掩群"，都表示在田猎时不可斩尽杀绝。

⑤ 杀：意思是射杀猎物以后。下大绥：把指挥田猎的大旗放倒。

⑥ 止：停止，停下。佐车：帮助堵截和驱赶猎物的车。

⑦ 虞人：负责掌管山林川泽的官员。入泽梁：进入泽中设梁捕鱼。梁，为捕鱼而设的河中小坝。

⑧ 豺祭兽：这里是修辞手法，用发生的事情代替时间，指代九月。下文"鸠化为鹰"指代仲秋之月，"草木零落"指代十月。

⑨ 罻（wèi）罗：捉鸟所用的网。

⑩ 昆虫未蛰，不以火田：昆虫尚未蛰居地下，不可焚烧草木而田猎。火田指焚烧草木而田猎。

⑪ "不麛"五句：不捕捉幼兽，不取鸟卵，不杀怀胎的母兽，不杀刚出生的小兽，不捣毁鸟巢。麛，本义是幼鹿，在这里指幼兽。

 译文

天子、诸侯在没有战争和凶丧的情况下，一年要进行三次田猎，第一是为了准备祭祀用的干肉，第二是为了招待宾客，第三是为了丰富天子、诸侯的饮食品种。天子、诸侯在没有战争和凶丧的情况下也不田猎，在祭祀和招待宾客上打折扣，就叫作不敬。田猎时不遵守该有的规矩，斩尽杀绝，随意捕杀，就叫作践天地所生之物。天子打猎不应该四面合围，诸侯打猎不能把成群的猎物赶尽杀绝。天子射杀了猎物以后，就要把指挥田猎的大旗放倒；诸侯射杀猎物后，要把指挥的小旗放下。大夫射杀野兽后，就应该停下帮助驱赶野兽的副车。副车停下以后，平民百姓开始田猎。正月以后，掌管山泽的官员才可以进入川泽设梁捕鱼。九月以后，才能开始田猎。八月以后，才可以设网捕鸟。到了十月，才可以进入山林砍伐树木。昆虫尚未蛰居地下的时候，不可以纵火焚烧草木而田猎。不捕捉幼兽，不取鸟卵，不杀怀胎的母兽，不杀刚出生的小兽，不捣毁鸟巢。

冢宰制国用①，必于岁之杪②。五谷皆入，然后制国用。用地小大，视年之丰耗③，以三十年之通④制国用，量入以为出。祭用数之仂⑤。丧三年不祭，唯祭天地社稷，为越绋⑥而行事。丧用三年之仂。丧祭，用不足曰暴⑦，有余曰浩⑧。祭，丰年不奢，凶年不俭。国无九年之蓄曰不足，无六年之蓄曰急，无三年之蓄曰国非其国也。三年耕，必有一年之食；九年耕，必有三年之食。以三十年之通，虽有凶旱水溢，民无菜色⑨，然后天子食，日举以乐。

注释

①冢宰：也叫作"太宰"，也就是后来的宰相。制国用：制定国家的经费预算。

②岁之杪（miǎo）：意思是年底。

③用地小大，视年之丰耗：意思是编制预算时，要考虑到国家的大小、年成的好坏，量入为出。

④通：意思是平均数。

⑤祭用数之仂（lè）：祭祀的费用占每年收入的十分之一。

⑥越绋：意思是不受自家丧事的影响。绋，这里指代私家丧事。

⑦用不足曰暴：超过了预算叫作暴。暴，损耗。

⑧有余曰浩：预算的钱没有花完叫作浩。浩，有剩余。

⑨菜色：指饥民营养不良的脸色。

译文

太宰制定国家的经费预算，一定是在年底进行。国家的五谷全部入库以后，然后才能编制国家的经费预算。编制预算，要考虑国家的大小、年成的好坏，根据三十年收入的平均数做依据来编制预算，要根据收入的多少来决定开支多少。祭祀的费用只能占每年收入的十分之一。如果有父母的丧事，三年内不祭祖宗宗庙，但天地社稷的祭祀不受自家丧事的限制，一定要照祭不误。丧事的费用是三年收入的十分之一。丧事和祭祀的开支，超过了预算叫作暴，还有盈余叫作浩。祭祀的开支花费，好年成也不可铺张浪费，荒年也不能过分简略。一个国家如果没有九年的经费储备叫作准备不足；如果没有六年的经费储备叫作储备危急；如果没有三年的经费储备，那么这个国家不能称为国家了。耕种三年要有一年的余粮。耕种九年要有三年的余粮。以三十年收入的平均值来编制预算，哪怕遇到水旱灾害频发的凶荒年头，老百姓也不至于面有菜色，营养不良，然后，天子的饮食里才会顿顿有肉，而且吃饭时可以奏乐。

天子七日而殡，七月而葬①；诸侯五日而殡，五月而葬；大夫、士、庶人三日而殡，三月而葬。三年之丧，自天子达②。庶人县封③，葬不为雨止，不封不树④。丧不贰事⑤，自天子达于庶人。丧从死者⑥，祭从生者⑦。支子⑧不祭。

注释

① 天子七日而殡，七月而葬：天子死后七天停棺在正寝堂西，死后第七个月举行葬礼。"天子七月而殡"至"三月而葬"，即郑玄所说"尊者舒，卑者速"，意思就是地位越高的人殡葬的时间越长，越从容。

② 自天子达：意思是父母死，上到天子，下到平民百姓，都是服丧三年。

③ 县（xuán）封（biǎn）：悬绳将棺木葬入圹穴，不用碑。县，通"悬"。封，当作"窆"。

④ 不封不树：不在墓地上聚土为坟，也不在墓地栽树。郑玄解释说："至卑无饰也。"

⑤ 丧不贰事：服丧期间不做其他的事情。

⑥ 丧从死者：办丧事的规格依据死者的身份来定。

⑦ 祭从生者：祭礼的规格则依照孝子的身份来定。

⑧ 支子：庶子，除嫡长子以外的其他儿子。

译文

天子死后七天出殡，在死后第七个月举行葬礼。诸侯死后五天出殡，死后第五个月举行葬礼。大夫、

士和平民在死后三日入殡，死后第三个月即举行葬礼。父母死，孝子要为父母居丧三年，上到天子，下到平民百姓都是服丧三年。普通百姓下葬，只可悬绳将棺木葬入墓穴，下葬不因为下雨而停止，在墓地上不聚土成坟，也不栽种树木。服丧期间，孝子要一心一意地服丧，不做其他事情。上自天子下到百姓都应遵守这个规矩。丧事的规格要根据死者的地位来确定，而祭祀的规格则是根据主持祭祀者的地位来确定。嫡长子以外的儿子不能主持祭祀。

凡养老①：有虞氏以燕礼②，夏后氏以飨礼③，殷人以食礼④，周人修而兼用之⑤。五十养于乡⑥，六十养于国⑦，七十养于学⑧。达于诸侯⑨。八十拜君命，一坐再至⑩，瞽亦如之⑪。九十使人受。五十异粮⑫，六十宿肉，七十贰膳，八十常珍，九十饮食不离寝，膳饮从于游可也。六十岁制，七十时制，八十月制，九十日修。唯绞、纻、衾、冒，死而后制。五十始衰，六十非肉不饱，七十非帛不暖，八十非人不暖，九十虽得人不暖矣。五十杖于家，六十杖于乡，七十杖于国⑬，八十杖于朝，九十者，天子欲有问焉，则就其室，以珍从。七十不俟朝，八十月告存⑭，九十日有秩⑮。五十不从力政，六十不与服戎，七十不与宾客之事，八十齐丧之事⑯弗及也。

 注释

①养老：天子、诸侯设宴款待老人。皇侃认为：人君养老有四种，一是养三老、五更；二是子孙为国难而死，王养死者父祖；三是养致仕之老；四是引户校年，养庶人之老。

②有虞氏：意思是虞舜时期。燕礼：规格较低的宴会。

③飨礼：规格较高的宴会。

④食礼：一种规格次于飨礼的宴会。

⑤兼用之：并用虞、夏、殷三个朝代的养老礼。

⑥ 乡：意思是乡学。

⑦ 国：指的是国中小学，在王宫的左面。

⑧ 学：指大学，在郊外。

⑨ 达于诸侯：养老的规定不仅天子遵守，诸侯也同样适用。

⑩ 一坐再至：跪下去连续磕头两次。

⑪ 瞽亦如之：因为盲人行动不便，也是如此。

⑫ 异粻（zhāng）：不同的粮食。意思是老年人吃比较精细的粮食，不和青壮年人吃一样的粮食。

⑬ 国：意思是国家的首都。

⑭ 八十月告存：孔颖达解释："告，谓问也。君每月使人致膳，告问存否。"

⑮ 九十日有秩：郑玄注："秩，常也。有常膳。"意思是国君每日供给常膳。

⑯ 齐丧之事：祭祀和丧葬之事。齐，通"斋"，斋戒。祭祀之前必须斋戒，这里是以斋来代表祭祀。

 译文

所有宴请老人的宴会，虞舜时期用燕礼（属于规格较低的宴会）；夏后氏用飨礼（属于规格较高的宴会）；殷人用食礼（是仅次于飨礼规格的宴会）；周人遵循古制，三种宴会礼并用。五十岁的老人可以参加在乡学中举行的宴会，六十岁的老人可以参加在王宫左面的小学中举行的宴会，七十岁的老人就可以参加在大学举行的宴会。诸侯国同样如此规定。八十岁的时候在拜受君命时，可以简化拜礼，只要跪下去连续磕头两次就可以了。盲人行动不便，拜受君命时可同八十岁的老人。九十岁的老人则可以让其他人代替自己拜受君命。五十岁以上的老人和青壮年吃不同的粮食，可以吃比较精细的粮食；六十岁以上的老人要预先制备肉；七十岁以上的老人则除了主膳以外，要准备零食；八十岁以上的老人平常都要吃美味的食物；九十岁以上的老人住处食物不断，无论走到哪里随身都有饮食供应。人到了六十岁，做子女的就要为其准备需要一年时间才能做好的丧葬用品；七十岁的老人，子女就要为其准备需要一季时间才能做好的丧葬用品；八十岁的老人，子女就要为其准备需要一月时间才能做好的丧葬用品；九十岁的老人，子女就要为其准备需要一天时间才能做好的丧葬用品。只有绞、纷、衾、冒等这样的东西（制作起来比较简单），死后再做也不晚。人到五十岁就开始衰老，六十岁以后除非吃肉否则就吃不饱，七十岁以后除非盖有丝绵否则就会感到身上不暖，八十岁以后除非有人暖被子否则就感到睡不暖和，九十岁以后即使有人暖被子也睡不暖和了。五十岁以后可以拄杖在家；六十岁以后可以拄杖在乡；七十岁以后可以拄杖在国都；八十岁以后可以拄杖上朝；九十岁以后，天子若有事询问，就要带上礼物派人到他家中请教。大夫到了七十岁就可以不在朝里侍候；八十岁以后，天子要每月派人来问候安康；九十岁以后，天子要每天派人送食物来。平民到了五十岁就不服劳役；六十岁以后就不服兵役；七十岁以后就可以不再参与应酬宾客的活动；八十岁以后，就连祭祀丧葬这类重要的事情也不参与了。

凡三王养老皆引年①。八十者，一子不从政②；九十者，其家不从政。废疾非人不养者，一人不从政。父母之丧，三年不从政；齐衰③、大功之丧，三月不从政。将徙④于诸侯，三月不从政。自诸侯来徙家，期⑤不从政。

 注释

①三王：指的是夏、商、周三代。引年：意思是根据户籍，核对年龄。

②政：通“征”，谓征召劳役。

③齐衰（zīcuī）：丧服五服中的一种。

④徙：迁徙，搬家。

⑤期（jī）：指一年。

译文

凡是夏、殷、周三代的天子举办的养老宴会，参加宴会的老人都要根据户籍来核实年龄。家里有八十岁以上老人的，有一子不必应征徭役。家里有九十岁老人的，全家的徭役都被免除。家里有必须依靠他人伺候的残疾人和生病的人，也免除一人的徭役。遇到父母过世，在三年守丧期间不用被征召徭役。遇到需要穿齐衰、大功丧服的亲属去世，可以三个月不应徭役之征。

将要从王畿迁徙到诸侯的家庭，临行之前免徭役三月；从诸侯迁到王畿的家庭，到达后免徭役一年。

少而无父者谓之孤，老而无子者谓之独，老而无妻者谓之矜①，老而无夫者谓之寡。此四者，天民②之穷而无告者也，皆有常饩③。

注释

① 矜（guān）：通"鳏"，指没有妻子或者丧妻的男人。
② 天民：天下所有百姓。
③ 常饩（xì）：固定的口粮。换言之，就是补贴的粮食救济。

译文

年幼就失去父亲的人称作孤，年老而失去儿子的人称作独，年老而失去妻子的人称作鳏，年老而失去丈夫的人称作寡。这四种人，是天下所有百姓中生活困难而求告无门的人，国家供给他们固定的口粮，对他们采取一定的生活补贴。

瘖、聋、跛、躄、断者、侏儒①。百工②各以其器食之③。

注释

①瘖：口不能言，也指哑巴。跛、躄（bì）：足不能行。跛，一足瘸的人。躄，两足俱废的人。断者：指肢体残缺的人。侏儒：躯体矮小的人。这一句似乎有脱文，应该是说这六类人都在被抚恤之列。

②百工：泛指各种手艺人。

③各以其器食之：各自靠着自己制造器物的技艺而取得粮饷。

译文

哑巴、聋子、脚有残疾的人、肢体残缺的人、躯体矮小的人，也都在抚恤范围之内。各种手艺人，各自靠着自己制造器物的技艺而取得粮饷。

道路，男子由右，妇人由左，车从中央。父之齿随行，兄之齿雁行①，朋友不相逾。

注释

①齿：意思是年龄。雁行：大雁飞行时的排列，即在其旁而稍后的位置上走。

 **译文**

在道路上走路要遵循这样的规定，男子靠右走，妇人靠左走，车子从中央走。遇到和自己父亲年纪相当的人，要请他走在前边；遇到和自己兄长年纪相当的人，自己可以走在他旁边稍后一些的位置；和朋友一起走，不可争先恐后。

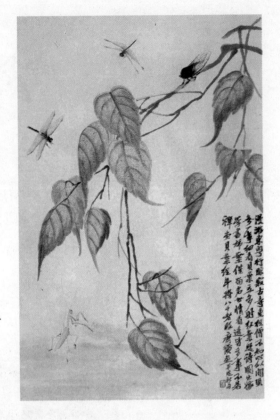

轻任并，重任①分，班白者不提挈②。

 注释

① 任：担子。
② 班白者：头发花白的人，指老年人。班，通"斑"。提挈：用手提着。

 译文

老年人与年轻人都挑着担子，如果担子较轻，年轻人应该把老年人的担子一并放到自己肩上；如果担子较重，年轻人应把老年人的重担分担过来一些。头发花白的老年人走路不必提着东西。

月令

　　孟春①之月，日在营室②，昏参中，旦尾中③。其日甲乙④。其帝大皞⑤，其神句芒⑥。其虫鳞⑦。其音角⑧，律中大蔟⑨。其数八⑩。其味酸⑪，其臭膻⑫。其祀户⑬，祭先脾⑭。

 注释

　　①孟春：农历正月，即春季的第一个月。

　　②日在营室：太阳运行在营室的位置。营室，二十八宿之一，又叫定星。

　　③昏参（shēn）中，旦尾中：傍晚时，参星位于正南方。黎明时，尾星位于正南方。参星、尾星均属于二十八宿。

　　④其日甲乙：孟春的吉日是甲乙。甲乙，天干，五行属木。五行家将天干十日与五行相配，即甲乙配木，丙丁配火，戊己配土，庚辛配金，壬癸配水。又以五行配东、南、中、西、北和四季：东方、春季配木，南方、夏季配火，中央配土，西方、秋季配金，北方、冬季配水。

⑤大皞（tàihào）：指伏羲氏，传说中的古帝名。五行家认为他是以木德王（wàng），故将其尊为春季、东方之帝。

⑥句（gōu）芒：少皞氏的儿子，名重，死后被尊为木官之神。

⑦虫：古代对所有动物的总称。鳞：五虫中的一种。五行家又以五虫配五行：鳞虫配木，羽虫配火，倮虫配土，毛虫配金，甲虫配水。

⑧角（jué）：五声之一。宫、商、角、徵、羽，合称五声。五行家将五声与五行相配：宫配土，商配金，角配木，徵配火，羽配水。

⑨律：律管，用来定音的管子（铜制或竹制）。中（zhòng）：相应。大蔟（tàicù）：古代十二律之一。十二律分别为黄钟、大蔟、姑洗、蕤宾、夷则、无射、大吕、夹钟、中吕、林钟、南吕、应钟。

⑩其数八：与此月相配的数字是八。古人将从一到十的十个数字按奇偶分为天地之数，即天一，地二，天三，地四，天五，地六，天七，地八，天九，地十。而五行从水开始，其后依次是火、木、金，土在最后。木为天三与地八。三是木的生数，八是木的成数。这里只说"其数八"，是言它的成数。

⑪酸：五味之一。酸、苦、甘、辛、咸，合称五味。五行家将五味配地之四方及中央。酸配东方，苦配南方，甘配中央，辛配西方，咸配北方。

⑫臭（xiù）：气味。膻：五臭之一。膻、焦、香、腥、朽，合称五臭。五行家将五臭配地之四方及中央。膻配东方，焦配南方，香配中央，腥配西方，朽配北方。

⑬户：古人认为户、灶、门、行、中霤都有神，每年都要祭祀，因而称为五祀。祀户为五祀之一，在春季，其余为夏祀灶，中央祀中霤，秋祀门，冬祀行。

⑭祭先脾：意思是祭祀以脾为上。五行认为脾属土，而孟春之月属木，所

以五脏以脾为先。

 译文

　　春季的第一个月，太阳运行在营室的位置；黄昏，参星位于正南方；拂晓，尾星位于正南方。春季的吉日是甲乙，于五行中属木。与这个月相应的帝王是以木德王的大皞，与这个月相应的神是木官句芒。与这个月相应的动物是鳞虫。五声中与木相配的是角声，与这个月相应的是十二律中的大蔟。与木相配的成数是八。与木相配的五味是酸，五臭是膻。这个月要祭祀户神，祭祀时要首先祭祀脾。

　　东风解冻，蛰虫始振①。鱼上冰②，獭祭鱼③，鸿雁来。天子居青阳左个④，乘鸾路⑤，驾仓龙⑥，载青旂⑦，衣青衣，服仓玉，食麦与羊，其器疏以达⑧。是月也，以立春。先立春三日，大史谒⑨之天子曰："某日立

春，盛德在木。"天子乃齐⑩。立春之日，天子亲帅三公、九卿、诸侯、大夫以迎春于东郊。还反，赏公、卿、诸侯、大夫于朝。命相布德和令⑪，行庆施惠，下及兆民。庆赐遂行，毋有不当。乃命大史守典奉法，司⑫天日月星辰之行，宿离不贷⑬，毋失经纪⑭，以初为常⑮。

注释

① 蛰虫始振：蛰伏土中的虫豸开始苏醒。

② 鱼上冰：意思是鱼游到接近冰层的位置。

③ 獭（tǎ）祭鱼：水獭将捕得的鱼陈列在水边，像祭食一样。

④ 青阳左个：即明堂东部青阳的北室。明堂，古代帝王居住及宣布政教的场所，其构造依五行：东向的叫青阳，南向的叫明堂，西向的叫总章，北向的叫玄堂，中央的叫太庙。除太庙只有一个太室外，其余东、南、西、北四个正堂的两侧各有一室，叫个。左侧室叫左个，右侧室叫右个。共有四个正堂和八个侧室，帝王按照四时五行的运行，月居一室。

⑤ 鸾路：有鸾铃的车子。鸾本是青色凤鸟，取其青色与五行之木相配。路，通"辂"，指车。

⑥ 驾仓龙：用仓龙驾车。仓龙，青色的马。仓，通"苍"。八尺以上的马称为龙。

⑦ 载青旂（qí）：车上插着绘有青龙的旗子。

⑧ 其器疏以达：使用的器物纹理粗疏而通达。象征到了春季，万物萌发条达。

⑨ 大史：即太史。官名，掌管典法、礼籍和星历。谒：禀告。

⑩ 齐：通"斋"，斋戒。

⑪ 相：谓三公，即太师、太傅、太保。和令：宣布禁令。

⑫ 司：负责。

⑬ 宿：太阳所在的位置。离：通"丽"，依附。贷：通"忒"（tè），差错。

⑭ 经纪：郑玄注："谓天文进退度数。"

⑮ 以初为常：遵循旧法，以为常规。

 译文

　　春风化冻，蛰伏土中的动物开始苏醒活动。鱼儿从水下浮到水面接近冰层的地方；水獭像祭祀一样把抓到的鱼陈放在岸边；鸿雁自南方飞来。这个月，天子居住在明堂东部青阳左侧的房间，乘坐系有鸾铃的车子，用青色的高马驾车，车上插着绘有青龙的旗子，天子穿着青色的衣服，佩戴着青色的饰玉，吃的是麦与羊，祭祀使用的器物纹理粗疏而通达。这个月里的节气是立春。在立春前三天，太史拜见天子，向他禀告说："某日立春，木德当令。"于是天子斋戒。立春的那天，天子亲自带领三公、九卿、诸侯、大夫到东郊去举行迎春的祭祀。祭祀完毕回朝，在朝中给公、卿、诸侯、大夫颁赐爵位和俸禄，并命令丞相发布德教，宣布禁令，实行褒奖，行善施惠，贯彻到所有百姓。褒奖赏赐之事全部落到实处，没有不合适的。于是命令太史遵守六典，奉行八法，负责观测天上日月星辰的运行，太阳所在的位置，月亮所经之处，都要计算得没有偏差，要遵循旧章而不变。

　　是月也，天子乃以元日祈谷于上帝①。乃择元辰②，天子亲载耒耜③，措之于参保介之御间④，帅三公、九卿、诸侯、大夫，躬耕帝藉⑤。天子三推⑥，三公五推，卿、诸侯九推。反⑦，执爵于大寝⑧，三公、九卿、诸侯、大夫皆御⑨，命曰劳酒⑩。

 注释

　　①元日：指上辛日，就是孟春之月的第一个辛日。祈谷：又叫祈年，祈求五谷丰登。
　　②元辰：吉时。
　　③耒耜（lěisì）：古代耕地的农具，类似犁的样子，柄部叫耒，类似犁铧的部分叫耜。

④措之于参保介之御间：将耒耜放在身穿甲衣的骖乘与驾车者之间。参，通"骖"，意思是骖乘，也叫车右，担负保卫的责任。第二个"之"字作"与"讲。御，驭者。

⑤躬：亲自。帝籍：天子为保证祭祀供给而借民力耕种之田。

⑥推：谓推耒耜入土，翻地。

⑦反：通"返"。

⑧执爵：举杯的意思，此处引申为设宴。寝：天子处理政务之所。

⑨御：陪同在天子身边，作陪。

⑩劳酒：慰劳之酒。

译文

在这个月里，天子在上辛日祭祀上天，祈求五谷丰登。又在这祭祀之后的吉日，天子亲自用车拉着农具，把农具放在穿甲衣的骖乘和驾车人中间，并率领三公、九卿、诸侯、大夫亲自耕种籍田。天子三次推耒耜进入土里，公推五次，卿和诸侯推九次。祭祀结束后返回，天子在处理政务的宫殿设宴，三公、九卿、诸侯、大夫全部陪侍，这次宴会叫作劳酒。

是月也，天气下降，地气上腾①，天地和同②，草木萌动。王命布③农事，命田舍东郊④，皆修封疆⑤，审端径术⑥。善相丘陵、阪险、原隰⑦，土地所宜，五谷所殖，以教道⑧民，必躬亲之。田事既饬⑨，先定准直⑩，农乃不惑。

 注释

① 天气下降，地气上腾：孟春之月，天气下降，阳气在下；地气上腾，阴气在上。

② 天地和同：天地之气，也就是阴气及阳气和合混同。

③ 布：安排，规划。

④ 命田舍东郊：田，主管农事的官员。舍，居住。郑玄说："田，谓田畯，主农之官也。舍东郊，顺时气而居，以命其事也。"

⑤ 封疆：土地的边界、疆界。

⑥ 审端：检查修正。径：田间小路。术：也作"遂"，田间的小沟。

⑦ 善相：仔细地视察。丘陵：小的土山叫丘，大的土山叫陵。阪险：斜坡叫阪，陡坡叫险。原隰：高而平的土地叫原，低而湿的土地叫隰。

⑧ 道：通"导"，教导。

⑨ 饬：整顿，整治。

⑩ 准直：标准，准绳。这里指上文的封疆径遂均已厘清。

 译文

在这个孟春之月里，阳气往下降，阴气往上升，阳气和阴气逐渐和合在一起，花草树木开始萌芽生长。天子下命令安排春耕事宜，命令田畯住在东郊，监督农夫都来整治土地的边界，仔细视察和修整田间的小路和水沟，认真地考察丘陵、坡地、原隰等各种土地适宜种植什么样的农作物，各类粮食作物应该种植在什么地方，把这些知识教导给农民。这些事都是田畯亲自来做的。种田事宜都已整顿完毕，要先确定田地界限及田间路径、沟渠的端正平直，这样农民才不会有疑惑。

是月也，命乐正入学习舞①。乃修祭典②。命祀山林川泽，牺牲毋用牝③。禁止伐木。毋覆巢，毋杀孩虫、胎、夭、飞鸟，毋麛，毋卵④。毋聚大众，毋置⑤城郭。掩骼埋胔⑥。

 注释

① 乐正：指乐官之长。学：指大学。

② 祭典：和祭祀相关的法典。

③ 牺牲毋用牝：祭祀用的牲畜不要用怀孕的母畜。

④ 毋覆巢，毋杀孩虫、胎、夭、飞鸟，毋麛，毋卵：据郑玄说："为伤萌幼之类。"即不杀害幼小动物。

⑤ 置：修建。

⑥ 掩骼埋胔（zì）：掩埋枯骨和尸骸。这主要是为了抑阴助阳。

译文

在这个月里，天子命令乐正到太学里教练舞蹈。同时修正整理和祭祀相关的法典。下令祭祀山林川泽，但祭祀用的牲畜不可以用母畜。禁止砍伐树木。不可以倾覆鸟巢，不允许杀害幼虫、已怀胎的母畜、刚出生的小兽、正学飞的小鸟，不准许捕捉小兽和掏取鸟卵。不能把民众聚集起来，不可以修建城郭。要把枯骨和尸体掩埋起来。

是月也，不可以称兵①，称兵必天殃。兵戎不起，不可从我始。毋变天之道②，毋绝地之理③，毋乱人之纪④。

 注释

① 称兵：举兵的意思，即兴起战事。
② 天之道：做事阴阳顺时就是天之道。
③ 地之理：指刚柔得宜。
④ 乱人之纪：指扰乱人伦纲纪。

 译文

在孟春之月里，国家不可以大举兴兵，这是因为举兵和春天的时令背道而驰，所以举兵必定遭到天灾。要让士兵解甲休息，更不能从我方开始发动战争。发令行事，不能改变阴阳顺时，不可使刚柔相犯，不能使仁义违时。

孟春行夏令①，则风雨不时，草木蚤落②，国时有恐③；行秋令，则其民大疫，猋风暴雨总至④，藜莠蓬蒿并兴⑤；行冬令，则水潦⑥为败，雪霜大挚⑦，首种不入⑧。

注释

① 孟春行夏令：孟春之月实行夏季的政令。

② 蚤落：提早凋零。蚤，通"早"。

③ 国时有恐：国都中经常会发生惊恐的事件。

④ 猋（biāo）风：暴风。猋，通"飙"。总（cōng）至：突然来到。总，通"匆"。

⑤ 藜莠蓬蒿并兴：藜草、莠草、蓬草和蒿草这样的杂草茂盛。

⑥ 水潦（lǎo）：意思是水灾。潦，通"涝"。

⑦ 挚：通"至"。

⑧ 首种不入：意思是稷无法下种。郑玄注："旧说首种谓稷。"

译文

如果孟春之月施行夏季的政令，就会导致风雨不调，草木过早地凋落，国都中经常发生让国人惊恐的事情。如果孟春之月施行秋季的政令，就会在百姓中流行严重的瘟疫，狂风暴雨突然来到，藜草、莠草、蓬蒿等这样的杂草都会生长茂盛。如果孟春之月施行冬季的政令，就会发生积水成灾的情况，有大雪和冰霜降落，稷没有办法下种。

礼运

　　昔者仲尼与于蜡宾①，事毕，出游于观②之上，喟然而叹。仲尼之叹，盖叹鲁也。言偃③在侧，曰："君子何叹？"孔子曰："大道之行也，与三代之英，丘未之逮也，而有志焉④。

　　"大道之行也，天下为公。选贤与⑤能，讲信修睦。故人不独亲其亲，不独子其子，使老有所终，壮有所用，幼有所长，矜寡孤独废疾者皆有所养。男有分⑥，女有归。货恶其弃于地也，不必藏于己；力恶其不出于身也，不必为己。是故谋闭而不兴，盗窃乱贼而不作，故外户而不闭。是谓大同。

　　"今大道既隐⑦，天下为家。各亲其亲，各子其子，货力为己。大人世及以为礼⑧，城郭沟池以为固⑨，礼义以为纪⑩，以正君臣⑪，以笃父子，以睦兄弟，以和夫妇，以设制度，以立田里，以贤勇知⑫，以功为己⑬。故谋用是⑭作，而兵⑮由此起。禹、汤、文、武、成王、周公，由此其选也⑯。此六君子者，未有不谨⑰于礼者也。以著其义⑱，以考其信，著有过，刑仁⑲讲让，示民有常。如有不由此者，在埶者去⑳，众以为殃㉑。是谓小康㉒。"

注释

　　① 与于蜡宾：以助祭者的身份参与蜡祭。蜡（zhà），国君年终祭祀。宾，助祭者。

　　② 观（guàn）：天子和诸侯宫门前的可以悬挂法令的较高建筑，方便让百

姓观看法令。

③言偃：人名，孔子弟子。姓言名偃，字子游，是孔子门人中的七十二贤人之一，以文学著称。

④大道之行也，与三代之英，丘未之逮也，而有志焉：大道行于天下的时代，以及夏、商、周三代英明君王当政的时代，我都没有赶上，但是心里向往。大道，至善至美的准则，这里指上古五帝时遵行的社会准则。行，实行。与，连同、跟。

⑤与：通"举"。

⑥男有分（fèn）：男子都能找到活干。分，分工、职责。

⑦隐：消失不见。

⑧大人世及以为礼：天子和诸侯都把父子相传、兄弟相传作为礼。世及，父子相传叫作世，兄弟相传叫作及。

⑨城郭沟池以为固：设置城郭沟池，以此作为坚固的防御工事。沟池，护城河。

⑩礼义以为纪：把礼义作为行为的准则。义，古代社会的道德或行为规范。纪，纲纪、准则。

⑪以正君臣：以（礼义）来使君臣关系正常。以，介词，用，后面省掉了宾语"礼"。以下七句同。正，使……得到规范。下文的"笃""睦""和"，都与"正"是同样的用法，分别为"使……纯厚""使……和睦""使……和美"。

⑫知：通"智"。

⑬以功为己：为自己建功立业。以，用。

⑭用是：因此，由此。

⑮兵：此处指战争、战乱。

⑯禹、汤、文、武、成王、周公，由此其选也：夏禹、商汤、周文王、周武王、周成王、周公旦，就是在这种情况下产生的出色的人。

⑰谨：关注，看重。

⑱ 以著其义：意思是用礼来表彰人们合理的言行。

⑲ 刑仁：以合乎仁的行为为法则。刑，法则。

⑳ 在埶者去：当权者就会被罢免。埶，通"势"。

㉑ 众以为殃：意思是百姓将不用礼来规范社会秩序的在位者当作祸殃。

㉒ 小康：小安。和"大同"相对而言，含有不及"大同"之意。郑玄认为：康，安也。言小安者，失之则贼乱将作矣。

译文

从前，孔子以助祭者的身份参加蜡祭，祭祀结束后，孔子出来游玩，走到宫门外的高台上，不禁发出感叹。孔子的感叹，大概是感叹鲁国国君的失礼。孔子的弟子言偃在一边问道："老师为什么叹气呢？"孔子说："大道实行的时代，和夏、商、周三代杰出君主在位的时代，我没能赶得上，但是我内心非常向往那个时代。

"大道实行的时代，天下是公众的，推选有贤德、有才能的人来治理天下，人们之间讲究信誉，相处和睦。所以人们不只把自己的亲人当作亲人，不只把自己的子女当作子女，还使老年人都能有安度晚年的去处，使青壮年都能找到事做，年幼的人都能健康成长，鳏、寡、孤、独和残疾的、有病的人都能得到国家的供养。男子

都有工作，女子都能找到婆家。对于财物，人们不喜欢它被白白地扔在地上，但不一定非藏到自己家里；对于气力，人们只担心不是出在自己身上，但不一定是为了自己。所以，奸诈之心被扼制而无法实现，抢劫偷盗和犯上作乱的事也不发生。所以，外面的门也不必关。这样的社会就叫大同社会。

"现在，大同社会的准则已经消失不见了，天下成为君王一家的天下，人们只把自己的亲人当作亲人，只把自己的子女当作子女，财物生怕不归自己所有，气力则唯恐出于自己身上。天子和诸侯都把父子相传、兄弟相传当作礼。内城外面是外城，外城的外面再加上护城河，以此作为坚固的防御工事。把礼义作为纲纪和根本，使得君臣关系得到规范，使得父子关系更加亲密，使得兄弟关系更加和睦，使夫妇关系和谐，用礼来设立制度，用礼来确立有关田地和住宅的制度，尊重并重用有勇有智的人，为自己建立功业。因此，钩心斗角的事就随之发生，战争和战乱也因此而起。夏禹、商汤、周文王、武王、成王、周公旦，就是在这种情况下产生的出色人物。这六位出色的君子，没有一个不是看重礼的。用礼来表彰正义，考察诚信，指明过错，效法仁爱，提倡谦让，向百姓展示一切都有规可循。如有不按礼的规定来办事的人，在位的就要被罢免，百姓将不用礼来规范社会秩序的在位者当作祸害。这就是小康。"

何谓人情？喜、怒、哀、惧、爱、恶、欲，七者弗学而能。何谓人义①？父慈、子孝、兄良、弟弟、夫义、妇听、长惠、幼顺、君仁、臣忠②，十者谓之人义。讲信修睦，谓之人利③。争夺相杀，谓之人患④。故圣人之所以治人七情，修十义，讲信修睦，尚⑤辞让，去⑥争夺，舍礼何以治之？饮食男女⑦，人之大欲⑧存焉；死亡贫苦，人之大恶⑨存焉。故欲恶者，心之大端也⑩。人藏其心，不可测度也。美恶皆在其心，不见其色也⑪，欲一以穷之，舍礼何以哉⑫？

注释

①人义：人际关系的标准。

②"父慈"至"臣忠"：兄良，兄长友爱。弟弟（tì），后一个"弟"通"悌"，指弟弟恭敬。夫义，丈夫守义。妇听，妻子顺从。长惠，长辈惠幼。幼顺，幼者顺长。

③人利：人际关系的改善。

④人患：人际关系的破坏。

⑤尚：崇尚。

⑥去：避免。

⑦饮食男女：吃喝和求偶。

⑧大欲：普遍的欲望。

⑨大恶：普遍的畏惧。

⑩故欲恶者，心之大端也：所以大欲和大恶，是人心考虑的两件大事。

⑪美恶皆在其心，不见其色也：美好的念头和丑恶的念头都深藏在心，从外表上谁也看不出来。

⑫欲一以穷之，舍礼何以哉：想要彻底地搞清楚这些，除了礼还能用什么方法呢？

 译文

什么叫作人情？喜、怒、哀、惧、爱、恶、欲，这七种不学就会的感情就是人情。什么叫作人义？父亲慈爱，儿子孝顺，兄长友爱，幼弟恭敬，丈夫守义，妻子顺从，长辈惠幼，幼者顺长，君主仁义，臣子忠诚，这十种人际关系准则就叫人义。讲信义，守和睦，这叫作人利。互相争夺，互相残杀，这叫作人患。圣人要想管理人的七情，维护人义，崇尚礼让，避免争夺，除了礼以外，还有更好的办法吗？人活在世，吃喝和男女结合，是人普遍的愿望。死亡和穷困，是人普遍畏惧的。所以说人们普遍的愿望和普遍畏惧的这两件事，成了放在人们心上的两件大事。人们都把自己的心思藏在肚子里，别人很难猜测。美好的想法和丑恶的想法都藏在心里，无法从外表看出来，想要明白别人的心思，除了礼还能用什么方法呢？

礼器

礼器，是故大备①。大备，盛德也。礼释回②，增美质，措则正，施则行。其在人也，如竹箭之有筠也③，如松柏之有心也。二者居天下之大端矣，故贯四时而不改柯④易叶。故君子有礼，则外谐而内无怨。故物无不怀仁⑤，鬼神飨⑥德。

 注释

① 大备：指"大顺"，换句话说就是个人做到"修身、齐家、治国、平天下"。
② 释回：除去邪恶。
③ 箭：长势较小的竹子。筠（yún）：指包裹在竹子外面的青皮。
④ 柯：草木的枝茎。
⑤ 物：指人。怀：归结。
⑥ 飨：祭祀。

 译文

以礼为器，就可以让人民都能修身、齐家、治国，产生"大顺"这样的社会局面。"大顺"，实际上就是盛德的表现。以礼为器，可以除去罪恶，增加人的本性中美的部分，人们遵守礼仪行为举止端正，做事也能无所不成。礼对于人来说，就好比竹子外面的青皮，又好像松树柏树坚实的树心。竹箭和松柏的这两种特质，普天之下只有它们具有，所以才一年四季总是郁郁葱葱，枝叶永不凋落。所以君子彬彬有礼，他对外能和其他人和谐相处，对内也能与人不生怨恨。所以人们无不归心于他的仁慈，连鬼神也乐于享受他的祭品。

礼，时①为大，顺②次之，体③次之，宜④次之，称⑤次之。尧授舜，舜授禹，汤放桀，武王伐纣，时也。《诗》云："匪革其犹，聿追来孝。"⑥天地之祭，宗庙之事⑦，父子之道，君臣之义，伦也。社稷山川之事，鬼神之祭，体也。丧祭之用，宾客之交，义也⑧。羔豚而祭，百官皆足⑨，大牢而祭，不必有余，此之谓称也。诸侯以龟为宝，以圭为瑞⑩。家⑪不宝龟，不藏圭，不台门⑫，言有称也。

 注释

① 时：即合乎天时。

② 顺：顺应人的伦理纲常。

③ 体：对象之间的区别。

④ 宜：即"义"，行为规范。

⑤ 称：指行礼所用的物要与礼的档次、人的身份相称。

⑥ "《诗》云"二句：《诗》指《诗·大雅·文王有声》。今本作"匪棘其欲，遹追来孝"。匪，通"非"。"革"与"棘"，属于同义词，表示"急"的意思。"聿"与"遹"，都读作yù，是助词，没有意义。来，谓"于"。

⑦ 事：指祭祀活动。

⑧ 丧祭之用，宾客之交，义也：丧礼和祭礼的支出，宾客交际的费用，都要合情合理。

⑨ 羔豚而祭，百官皆足：大夫和士举行的祭祀。虽然只用一只羊羔作为祭品，但是每个助祭者都能分得一份祭肉。百官，指助祭者。皆足，指助祭者都可在祭祀结束后分得一块祭肉。

⑩ 诸侯以龟为宝，以圭为瑞：陈游解释说：诸侯有国，宜知占详吉凶，故以龟为宝也。五等诸侯，各有圭璧为瑞信。又以天子所赐，如祥瑞之降于天，故以为瑞。圭，一种玉制的礼器。

⑪ 家：指大夫。

⑫ 台门：也称"观"，或者叫"阙"，还可以称为"象魏"，在门的两旁建

礼记这样读

造的比门略高的土台，是天子、诸侯布告法律、观测天气的地方。大夫地位不及天子、诸侯，所以不能有台门。

译文

　　礼的规定，第一重要的就是要合乎时代环境，其次是符合伦理纲常，再其次是区别对象而不同对待，再其次是符合行为规范，最后是要与身份相称。比如，尧把皇位传给舜，舜把皇位传给禹，商汤放逐夏桀，周武王讨伐殷纣王，这些都是顺应时代的环境。《诗经》上记载："周文王兴建封邑，并不是急于实现自己的愿望，而是感念祖先的功业，表达自己的孝心。"对天地神祇的祭祀，对祖宗家庙的祭祀，其中体现了父子之间的伦理和君臣之间的仁义。这些都是伦理纲常的问题。社稷和山川的祭祀，鬼神的祭祀，因为祭祀的对象不同，礼的规定也随之不同。这就是体的问题。丧礼、祭祀的开销，宾客交际的费用，各有其相当的意义，这是属于"宜"的问题。大夫、士的祭祀，虽然只用一只羊羔或一头小猪做祭品，但到祭祀结束的时候，每个助祭的人都能够得到一份祭肉；而天子、诸侯的祭祀，尽管是以牛、羊、豕三牲作为祭祀的供品，但到祭祀结束的时候，也还是每个助祭的人都能得到一份祭肉，不会留下什么剩余。这就叫作与身份相称。诸侯可以拥有龟，并以为珍宝；可以拥有圭，并把它当作祥瑞。而大夫的家里就不可以这样做，也不能修筑起台门。这讲的也是合乎身份的问题。

郊特牲

天子大蜡八①。伊耆氏②始为蜡。蜡也者，索也。岁十二月，合聚万物而索飨之也。蜡之祭也，主先啬③而祭司啬④也。祭百种，以报啬也。飨农⑤及邮表畷⑥、禽兽，仁之至，义之尽也。古之君子，使之必报之。迎猫，为其食田鼠也。迎虎，为其食田豕也。迎而祭之也。祭坊⑦与水庸⑧，事也。曰："土反其宅，水归其壑，昆虫毋作，草木归其泽。"皮弁、素服而祭。素服，以送终也。葛带、榛杖，丧杀也⑨。蜡之祭，仁之至，义之尽也。黄衣、黄冠⑩而祭，息田夫也。野夫黄冠。黄冠，草服也。

注释

①大蜡：指一种祭祀，主要为了庆祝农业丰收。八：指蜡祭上需要祭祀的八位神，其中一说为先啬一，司啬二，农三，邮表畷四，猫虎五，坊六，水庸七，昆虫八。以上八位神是大蜡所祭祀的主神，实际上大蜡需要祭祀的神还有很多。

②伊耆氏：古时的天子名号。孔颖达认为，伊耆氏就是神农氏。

③先啬：首先知道稼穑的人。也有一种说法是指神农氏。

④司啬：负责农事的神。

⑤农：田官之神。

⑥邮表畷（zhuì）：田间庐舍和阡陌之神。

⑦坊：大坝，堤防。

⑧水庸：沟渠。

⑨葛带、榛杖，丧杀也：葛带、榛杖，意思是腰系葛带，以榛木为杖。此种规格比丧礼低。杀（shài），降低。

⑩黄衣、黄冠：身穿黄衣，头戴草笠。黄冠，指草笠，草色黄。

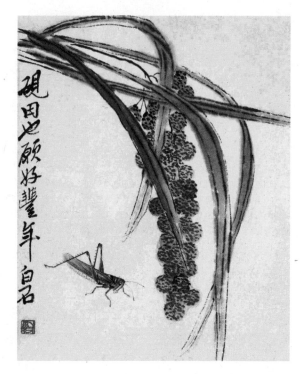

 译文

天子在蜡祭这天要祭祀八种神。蜡祭首先从伊耆氏开始。蜡字的意思，就是索。蜡祭就是在周历的十二月所有的农事全部结束，把所有和农业有关联的神都聚集在一起，开始祭祀。蜡祭主要祭祀的神灵，是开创农业先河的先啬，还有负责农事的司啬。通过祭祀百谷之种来报答先啬和司啬。还要祭祀田官之神，祭田间庐舍和阡陌之神，祭对农业有益的禽兽，这样的祭祀才可以说得上是仁至义尽了。古代品德高尚的人，如果驱使了有助于农事的神灵，就一定会报答它。祭祀猫，那是因为猫对农业有益，帮助人们吃掉了危害农田的田鼠；祭祀虎，是因为虎对农业有益，帮助人们吃掉了危害农田的野猪。所以要把它们请来加以祭祀。祭祀堤防和沟渠，也是因为它们对农事有益处。蜡祭的祝词说："希望堤防安然无事，沟渠不要漫溢；昆虫不要作害，荒草不长在良田。"天子身着素色的衣服来参加祭祀。天子穿素服，是表示农事万物都已经结束，这样就等于为其送终。以葛为带，手执榛杖，此种规格又比丧礼的礼数要低。就蜡祭而言，真算是仁至义尽了。身穿黄色衣服头戴草笠来参加蜡祭的人，都是终年攻于农事的农人。农人头上戴的草笠，是因为季秋草木黄落，服像其色的缘故。

天地合，而后万物兴焉。夫昏礼，万世之始也。取于异姓，所以附远厚别也。币必诚，辞无不腆。告之以直信。信，事人也；信，妇德也。壹与之齐①，终身不改，故夫死不嫁。男子亲迎，男先于女，刚柔之义也。天先乎地，君先乎臣，其义一也。执贽②以相见，敬章别也。男女有别，然后父子亲；父子亲，然后义生；义生，然后礼作；礼作，然后万物安。无别无义，禽兽之道也。婿亲御授绥，亲之也。亲之也者，亲之也。敬而亲之，先王③之所以得天下也。出乎大门而先，男帅女，女从男，夫妇之义由此始也。妇人，从人者也：幼从父兄，嫁从夫，夫死从子。夫也者，夫也。夫也者，以知帅人者也。玄冕④斋戒，鬼神阴阳也。将以为社稷主，为先祖后，而可以不致敬乎？共牢而食，同尊卑也⑤。故妇人无爵，从夫之爵，坐以夫之齿。器用陶、匏，尚礼然也。三王作牢，用陶、匏。厥明，妇盥馈。舅姑卒食，妇馂余，私之也。舅姑降自西阶，妇降自阼阶，授之室也。昏礼不用乐，幽阴之义也，乐，阳气也。昏礼不贺，人之序也⑥。

 注释

① 壹与之齐：意思是一起饮干交杯酒。齐，喝交杯酒，也作"醮"。

② 贽：见面礼。这里指亲迎那天婿拜见岳父的见面礼。

③ 先王：指的是周代的祖先太王、王季和周文王。

④ 玄冕：大夫以上所穿的祭服。此指亲迎时所着之服。

⑤ 共牢而食，同尊卑也：这个"牢"，主要是指一个分作两半的完整的小猪，盛放在一个俎上。夫妻同吃一个碗里的菜，表示夫妻一体，不分尊卑。

⑥ 昏礼不贺，人之序也：婚礼的实质是传宗接代，它意味着新的一代将要

诞生，老的一代将要谢世，用这种眼光来看，婚礼就不需要庆贺。

说明：本段文字中有一些内容属于已被扬弃的封建思想。选入本书是为了让读者全面地了解中华传统婚姻思想和婚俗。

 译文

天地阴阳之气相合，然后世间万物就产生了。婚礼，是衍生后代而传至万世的源头。婚礼必须娶异姓女子为妻，这是为了和亲缘关系疏远的人结亲，也是为了和血缘相近的族人区别开来。男方给女方的聘礼一定要体现出诚意，在赠送聘礼时也不必说一些礼不够丰厚的客气话，要正直诚信地相告。诚信，是做人的立身之本，诚信也是妇女应具有的品德。女子跟男子喝过交杯酒之后，便终身不改，所以就算丈夫死了也不再改嫁别人。成亲的当天，男子亲自到女家迎亲，从女家出来以后，男子要走在前面，女子跟在后面，这表示刚柔相配的意思。这就好比天先于地，君先于臣，它们是一个道理。迎亲的时候，男子到了女家，拿着见面礼，先拜过岳父，然后才能和女子施礼相见，这样做是要彰明男女之别。男女有别，然后才有父子之亲；父子相亲，然后才有君臣之义；君臣有义，然后才有礼；有了礼，然后才万物各得其所，天下太平。如果男女没有分别，也就没有礼节道义，那就和禽兽一样了。从女方家中大门走出来，男子亲自为女子赶车，然后又亲自把登车的引绳交给女子，这样做是表示对女子的敬爱。所谓敬爱女方，就是相亲相爱的意思。对女子又敬又爱，把这种敬爱推而广之，这就是先前贤明帝王能得天下的原因。从女家大门出来以后男子就一直在前，男子带领着女子，女子跟着男子，夫唱妇随的表现就由此开始。所谓"妇人"，就是听从别人的人。小的时候要听从父兄，出嫁后要听从丈夫，丈夫死了则听从儿子。所谓"夫"，就是用自己的智慧来领导别人的人。迎亲之前，夫妇双方要身着祭服，先是斋戒沐浴，然后禀告祖先和天地。成亲之后，夫妇二人就要生儿育女，繁衍后代，事体如此重要，怎能不虔诚地祭告天地祖宗呢？成亲的当晚，夫妇同吃一个碗里的饭菜，表示夫妇地位平等，不分尊卑。所以妇人不受封爵位，而是跟从享受丈夫的爵位，席间座次也以丈夫的辈分和年龄排列。婚礼中所用的食器都是没有装饰的淳朴的陶器、匏器，遵照过去的礼法就应该如此。夏、商、周三代才开始有共牢这样的礼节，其食器就沿用陶器、匏器。成亲第二天的黎明，新妇先拜见公婆，然后洗手，向公婆进献食物，而公婆吃完以后，把剩下的食物赐给新妇，新妇才可以吃饭。礼毕，公婆先从西边台阶下堂，然后新妇从东边台阶下堂，这表示公婆将主持家务的权力交给新妇了。结婚典礼上不可以奏乐，因为婚礼属于幽阴的事，而音乐则属阳气。举行婚礼，也不邀请亲朋好友前来祝贺，因为结婚就意味着下一代将要产生，上一代将要衰亡啊。

内则

　　子事父母①，鸡初鸣，咸盥、漱②，栉、縰、笄、总③，拂髦、冠、缕、缨④，端、韠、绅⑤，搢笏⑥。左右佩用：左佩纷帨、刀、砺、小觿、金燧⑦，右佩玦、捍、管、遰、大觿、木燧⑧。偪，屦⑨著綦⑩。

 注释

　　①子：指儿子。事：伺候。

　　②咸盥、漱：皆洗漱。

　　③栉（zhì）：木梳。意思就是梳头。縰（xǐ）：包扎头发使用的缁帛，此处表示用縰包扎头发作髻。笄：簪子。总：包扎头发，即束发，将头发垂于笄后。

　　④髦（máo）：髦是用假发做成的刘海。冠、缕（ruí）、缨：就是戴好帽子，整理帽带。冠，帽子。缕，帽带系好后的下垂部分。缨，系冠用的带子。

　　⑤端、韠（bì）、绅：即穿上玄端礼服，系上蔽膝，系上大带。端，也叫

玄端，是一种礼服的名称。韠，蔽膝，古代一种遮蔽身前的皮制服饰。韠之言蔽也。绅，本义是大带的下垂部分，此处指大带。大带四寸宽，用来束腰。

⑥搢笏：把笏插到大带上。

⑦纷帨（shuì）：纷与帨都是用来擦东西的佩巾，有点类似今日的手帕。纷，通"帉"，佩巾。砺：磨石。小觽（xī）：觽是古代解结的用具，形如锥，用动物骨制成。

⑧玦：古代射箭时套在大拇指上的骨质套子，以便勾弦，也叫作扳指。捍：射箭时套在左臂上的皮制护袖，用以防止发矢时左臂内衣袖碍事。遰（shì）：刀鞘。木燧：钻木取火的工具。

⑨偪（bī）：打好绑腿。用布帛裹束膝下足上部位，方便跳跃。屦：鞋子，此处指代穿好鞋子。

⑩著綦（qí）：系好鞋带。

译文

做儿子的侍奉父母，当公鸡鸣叫第一次的时候，就应该洗手漱口。用梳子梳头，用黑缯束发作髻，插上发簪，用一条丝带束住发根而垂其末于髻后；振去尘土，再戴上假发做的刘海，戴好帽子，系好帽带；穿上礼服，围上蔽膝，系上大带；在大带里插上笏。身上左右佩带常用之物：左边是佩巾、小刀、磨石、小觽和金燧，右边是射箭用的玦、捍，笔管，刀鞘，大觽和木燧。打好绑腿，系好鞋带。

妇事舅姑①，如事父母。鸡初鸣，咸盥、漱，栉、縰、笄、总，衣、绅②。左佩纷帨、刀砺、小觽、金燧。右佩箴、管、线、纩③，施縏袠④；大觽、木燧、衿缨⑤、綦屦。以适⑥父母舅姑之所。及所，下气怡声⑦，问衣燠寒⑧，疾痛苛⑨痒，而敬抑搔之⑩。出入，则或先或后，而敬扶持之⑪。进盥，少者奉槃，长者奉水，请沃盥⑫，盥卒⑬，授巾。问所欲⑭而敬进之，柔色以温之⑮。饘、酏、酒、醴、芼、羹、菽、麦、蕡、稻、黍、粱、秫⑯唯所欲。枣、栗、饴、蜜以甘之⑰，堇、荁、枌、榆⑱免薨滫瀡以滑之⑲，脂膏以膏之⑳。父母舅姑必尝之而后退。

注释

①舅姑：公婆。

②衣、绅：穿上绡（xiāo）衣，系上大带。士大夫以玄端为正服，士大夫的妻子则以绡衣为正服。

③箴：通"针"。纩（kuàng）：指丝绵。

④施繁（pán）袠（zhì）：（将以上四物）装在小针线袋里。繁与袠都有"小囊"的意思。

⑤衿缨：结上一种五色的丝绳。女子系上"缨"表示已经许配于人。

⑥适：去到，前往。

⑦下气怡声：态度恭敬顺从，柔声柔气。

⑧燠（yù）寒：暖寒。

⑨苛：通"疴"，疥癣。

⑩抑搔之：（为父母公婆）做按摩抓搔。

⑪出入，则或先或后，而敬扶持之：父母公婆进进出出时，做儿子和媳妇的有时需要走在前面，有时需要走在后面，并且要恭敬地拉住他们的手，或者挽着他们的胳膊。

⑫进盥，少者奉槃，长者奉水，请沃盥：请他们洗手的时候，年龄

小的要捧着槃子在下面接水，年龄大的要手捧匜（yí）器从上方往他们手上浇水。槃，木盘。奉水，"奉"通"捧"，意思是捧着水。沃盥，浇水洗手。

⑬ 盥卒：洗完手。

⑭ 问所欲：问父母有什么想吃的东西。

⑮ 柔色以温之：和颜悦色地应承他们。

⑯ 饘（zhān）：黏稠的粥。酏（yí）：薄粥。醴：甜酒。芼：这里指菜。菽：豆类。蕡（fén）：大麻子。黍：黍子，性黏，碾成米之后叫黄米。粱：即粟，通称谷子，去皮后称小米。秫（shú）：孙希旦认为，秫，黏粟也。然则凡黍稻之黏者，皆谓之秫，不独粟也。

⑰ 枣、栗、饴、蜜以甘之：在烹调时还要加上枣、栗子、饴糖、蜂蜜，让它更加甘甜。

⑱ 堇：草名。荁（huán）：堇类。枌（fén）：白榆，榆树之一种。榆：孙希旦说是刺榆。

⑲ 免（wèn）藁（kǎo）：新鲜的和干的（堇、荁、枌、榆）。滫（xiǔ）瀡（suǐ）：用粉芡调成的浓汁，能够使食品柔滑。

⑳ 脂膏以膏之：用油脂拌和使其味道香美。脂膏，油脂。

 译文

媳妇侍奉公婆，如同侍奉父母一样。在鸡叫头遍的时候，就起床洗手漱口，然后梳头，用缁帛束发作髻，插上簪子，用丝带束住发根而使其垂髻后，穿上玄色绡衣，系上大带。左边佩带佩巾、小刀、磨刀石、小觿、金燧。右边则佩带针、笔管、线、丝绵、大觿、木燧六样东西。其中的针、笔管、线和丝绵都装在一个小针线袋里。系上条五色丝绳，系好鞋带。洗漱干净、穿戴整齐后，到父母公婆那里去请安问候。到了父母、公婆的住处，要柔声细气地嘘寒问暖；如果他们身上有疼痛或疥癣作痒，就要恭敬按摩或挠痒。他们进出走动时，有时需要走在他们前边，有时需要走在他们后边，并且恭敬地拉住他们的手，或揽住胳膊。请他们洗手时，年龄小点的端着盘在下面接水，年龄大点的手执匜器从上方往他们手上淋水。洗过之后递给他们巾帕擦手。然后问他们有什么想吃的东西，恭恭敬敬地端上去，和颜悦色地回答他们的问题。稠粥、稀粥、酒、甜酒、菜肉羹、豆子、麦子、大麻子、稻、黍、粱、秫，这些食物任由他们选择。还要加上枣、栗子、饴糖、蜂蜜，使食物甘甜、鲜美，将新鲜的或干燥的堇、苴、白榆、刺榆浸泡在粉芡汤里使其柔滑，用油脂拌和而使其更加香美。一定要等到父母公婆都吃过以后才可以告退。

男女未冠笄者^①，鸡初鸣，咸盥、漱，栉、縰，拂髦，总角^②，衿缨^③，皆佩容臭^④。昧爽而朝^⑤，问："何食饮矣^⑥？"若已食则退，若未食则佐长者视具^⑦。

 注释

①男女未冠笄者：指未成年的男女。古时，男子二十岁行弱冠礼，女子十五岁行及笄礼。

②总角：把头发扎为两大撮，形似两角，所以才有此称呼。这是小孩子的发式。

③衿缨：此"衿缨"与上文的"衿缨"有所不同。孔颖达认为"男女未冠笄"亦云"衿缨"者，彼未冠笄之缨，用之以佩容臭，故下注云"容臭，香物，以缨佩之"，故童子男女皆有之。与此妇人既笄之缨别也。

④容臭（xiù）：即香囊。

⑤昧爽而朝：天色微明时去向父母请安。晚于成年人。

⑥问："何食饮矣"：即询问他们早餐都吃了什么，喝了什么。

⑦佐长者视具：帮助哥嫂张罗安排。

 译文

男子和女子在还没成年的时候，当鸡鸣第一遍的时候，都必须起床洗手漱口，然后梳头，用缁帛束发作髻，戴上假发做成的刘海，把头发扎成总角式样，身上都用带子系个香囊。在天色微微发亮的时候，去向父母请安问候，询问父母早餐都吃了什么，喝了什么。如果父母已经吃过早餐，就可以告退；如果还没有吃过，那就帮助哥哥和嫂子张罗安排饭食。

凡内外①，鸡初鸣，咸盥、漱，衣服②，敛枕、簟③，洒扫室堂及庭，布席④，各从其事⑤。孺子蚤寝晏起，唯所欲，食无时⑥。

注释

① 凡内外：全家所有人。
② 衣服：意思是穿戴整齐，此处"衣"是名词做动词用。
③ 敛枕、簟（diàn）：把枕头和贴身的竹席收起来。敛，收。
④ 布席：铺设座席。

⑤各从其事：各人做各人的事情。

⑥孺子蚤寝晏起，唯所欲，食无时：小孩子要早睡晚起，随他高兴，吃饭也不定时。蚤，通"早"。晏，晚。

 译文

家中所有的人，不论男女老幼，都在鸡叫头遍的时候，起床洗手漱口，穿戴整齐，将枕席收起来，扫地洒水，铺设座席，各人做各人分内的事。小孩子可以早睡晚起，随他高兴，吃饭也不定时。

由命士①以上，父子皆异宫②。昧爽而朝，慈以旨甘③；日出而退，各从其事；日入而夕④，慈以旨甘。

 注释

①命士：受有爵位的士。

②父子皆异宫：即大门之内，父子各有自己独立的院子。

③慈以旨甘：以美味孝敬父母。慈，孝敬。

④夕：指晚上的请安。

 译文

儿子受有命士以上爵位的人，要和父亲分别住在不同的院子里。天刚亮的时候去父母那里请早安，为了表示孝敬献上好吃的东西。太阳出来以后才可以向父母告退，然后各自干各自分内的事。太阳落山以后，还要到父母那里去请晚安问候，也要带上美味的食物送给父母。

父母舅姑将坐①，奉席请何乡②。将衽③，长者奉席请何趾④，少者执床⑤与坐。御者举几，敛席与簟，县衾，箧枕，敛簟而襡之⑥。

注释

① 将坐：就是早晨起床以后。

② 奉席请何乡：儿子和儿媳捧着席子请示父母朝哪边铺。

③ 将衽：衽，卧席，指更换卧处。

④ 长者：子辈中的年长者。请何趾：请示脚朝向哪头。

⑤ 床：坐榻。比较小，不是现代睡觉的床。

⑥ "御者举几"至"敛簟而襡之"：侍者搬来几案（让父母、公婆凭依），然后将他们睡觉的大席和贴身的竹席收起来，把被子悬挂起来，枕头收进箱子，因为担心贴身的竹席有污秽，所以要收藏起来。襡（dú），收藏。

译文

早晨起床以后，父母和公婆如果想要坐下休息，儿子和媳妇就要捧着席子，向父母公婆请示席子朝哪边铺。如果他们要更换卧处，子辈中年龄较大的要捧着卧席请示脚朝向哪个方向，再由子辈中年龄较小的移动坐榻，由长子、长妇侍坐。这时候，侍者搬来几案让父母公婆凭依，然后为他们整理床铺，把大席和贴身的竹席收起来，被子悬挂起来，枕头收进箱子，贴身竹席收起来。

父母舅姑之衣、衾、簟、席、枕、几不传①；杖、屦祗敬之，勿敢近②。敦、牟、卮、匜③，非馂莫敢用④。与恒食饮，非馂莫之敢饮食⑤。

注释

①不传：以上诸物都放在固定的地方，儿子媳妇不能随便移动。

②杖、屦祗敬之，勿敢近：对于父母公婆使用的手杖、穿的鞋子，要毕恭毕敬，不能靠近。祗（zhī）敬，恭敬。

③敦（duì）、牟（móu）：两种盛放黍稷之餐具。牟，通"堥"，土釜。卮（zhī）、匜：两种盛放酒浆的器皿。

④非馂（jùn）莫敢用：不是他们剩下的就不敢用。馂，别人剩下的食物。

⑤与恒食饮，非馂莫之敢饮食：他们平常吃的喝的，如果不是他们剩下的，就没有人敢碰。与，及。

译文

父母公婆的衣服、被子、簟席、枕头、几案，不能随便移动；他们的手杖、鞋子，更要敬而远之，不敢接近。他们饮食用的餐具和酒器，如果不是吃他们剩在里面的食物，子辈就不能使用；他们的日常饮食之物，如果不是他们吃剩下的，就没人敢食用。

父母在，朝夕恒食，子妇佐馂，既食恒馂①。父没母存，冢子御食，群子、妇佐馂如初②。旨甘柔滑③，孺子馂。

注释

①父母在，朝夕恒食，子妇佐馂，既食恒馂：父母健在时，早晚饭经常吃的东西，由儿子及其妻帮助他们吃掉剩下的饭。既然吃就要吃得干净，不能再有剩余。

②父没母存，冢子御食，群子、妇佐馂如初：如果是父亲不在了，只有母

亲健在，就由长子伺候母亲吃饭，而由长子妇、众子及其妇吃母亲的剩饭。要像父母都健在时那样，既然吃就要吃得干干净净，不能再剩。冢子，即长子。

③ 旨甘柔滑：指剩下的饭美味可口。

译文

若父母都健在，早晚饭经常吃的东西，就由儿子和儿媳们帮助吃他们剩下的饭。既然吃就要吃得干干净净，不能再有剩余。若父亲去世而母亲健在，就由长子在旁服侍母亲吃饭，长子妇、弟弟和弟媳妇们来吃母亲的剩饭，同样要吃净，不可剩余。美味可口的食物，如果父母吃得有剩余，那就由小孩子们把它吃掉。

在父母舅姑之所，有命之①，应"唯"②，敬对。进退、周旋慎齐③，升降、出入揖游，不敢哕噫、嚏咳、欠伸、跛倚、睇视④，不敢唾洟⑤。寒不敢袭⑥，痒不敢搔。不有敬事，不敢袒裼⑦，不涉不撅⑧，亵衣衾不见里⑨。父母唾洟不见⑩。冠带垢，和灰请漱；衣裳垢，和灰请浣⑪；衣裳绽裂，纫箴请补缀。五日⑫则燂汤⑬请浴，三日具沐⑭。其间⑮面垢，燂潘请靧⑯；足垢，燂汤请洗。少事长，贱事贵，共帅时⑰。

注释

① 有命之：有事召唤。

② 应"唯"：用"唯"来答应。唯、诺都是答应的话，但唯比诺更显恭敬。

③ 周旋：转弯。慎齐：庄重。齐，通"斋"，端庄。

④ 哕（yuě）噫：打嗝儿。欠伸：打哈欠，伸懒腰。跛倚：东倒西歪，左靠右倚。睇（dì）视：斜视。

⑤ 唾洟（tì）：吐唾沫，擤鼻涕。

⑥ 袭：加衣。

⑦ 不有敬事，不敢袒裼：如果不是为长辈干力气活儿，则不敢露出胳膊。袒裼，露出胳膊。

⑧ 不涉不撅：不是涉水，不敢撩起衣服。

⑨ 不见里：意思是不让人看到亵衣、衾的里子。见，通"现"。

⑩ 父母唾洟不见：看到父母脸上有口水和鼻涕要及时擦掉。

⑪ "冠带垢"至"和灰请浣"：冠带有了污垢，要用草木灰汁手洗；衣裳有了污垢，要用脚洗。和灰，加入有洗涤作用的草木灰汁。在这里，漱指用手洗，浣指用脚洗。这是散言则别，而浑言则同。有的版本中，"浣"作"瀚"。

⑫ 五日：即每隔五日。

⑬ 燂（xún）汤：把水烧热。

⑭ 具沐：准备洗头用水。

⑮ 其间：承上文，即三日之间。

⑯ 燂潘请靧（huì）：烧淘米水请父母公婆洗脸。靧，洗脸。

⑰ 共帅时：帅，遵循。时，通"是"，此也。连同上面两句，意谓年少者

侍奉年长者，位卑者侍奉位尊者，也都要遵循儿子媳妇侍奉父母公婆的礼数去做。

 译文

在父母公婆跟前，他们如果有事呼唤，要用"唯"答应，再恭敬地回话。在父母公婆跟前，进退转弯都要态度庄重，上下堂阶和出入门户都应俯身而行。在父母公婆跟前，不敢打嗝，打喷嚏、咳嗽，打呵欠、伸懒腰，东倒西歪、左靠右倚，斜视，不敢吐唾沫、擤鼻涕。感觉寒冷也不敢加衣，身上痒也不敢抓挠。如果不是为长辈干力气活儿，就不敢脱衣露胳膊。不是涉水，不敢撩起衣服。不能让人看到内衣、内被的里子。发现父母脸上有口水和鼻涕要及时擦掉。他们的冠带脏了，就蘸着灰汁用手洗涤；他们的衣服脏了，就蘸着灰汁洗濯；他们的衣服有裂口，就用针线把它缝好补好。每隔五天就烧些热水让他们沐浴，每隔三天让他们洗一次头。这期间，如果脸脏了，就烧淘米水让他们洗脸；如果脚脏了，就烧热水让他们洗脚。年少的侍奉年长的，位卑者侍奉位尊者，也都要遵循儿子儿媳侍奉父母公婆的礼数去做。

男不言内，女不言外。非祭非丧，不相授器[1]。其相授，则女受以

筐，其无筐，则皆坐奠之而后取之②。外内不共井，不共湢浴③，不通寝席，不通乞假④。男女不通衣裳。内言不出，外言不入。男子入内⑤，不啸不指⑥，夜行以烛⑦，无烛则止。女子出门，必拥蔽其面，夜行以烛，无烛则止。道路，男子由右，女子由左。

 注释

①非祭非丧，不相授器：不是祭祀丧事，男女之间不能直接传递器物。

②则皆坐奠之而后取之：由授器者坐下祭奠，然后把所授之器放在地上，由接受器者坐下再把所授之器从地上拿走。

③不共湢（bì）浴：不在同一间浴室洗澡。湢，浴室。

④不通乞假：不互相借东西。

⑤内：内宅。

⑥啸：即吹口哨。指：指手画脚。

⑦烛：火把。

 译文

男子不讲女人关心和从事的事，女子不讲男子关心和办理的事。如果不是举行祭祀和丧事，男女之间是不能用手传递东西的。若要传递东西，那么女方要用竹筐来接。如果没有竹筐，就要由递东西的人坐下把东西放在地上，再由接东西的人坐下把东西从地上取走。男女不在同一口井里打水，不共用一间浴室洗澡，不通用一床寝席，不互相讨借东西。男女衣服不能混着穿。闺门内讲的话不可传到外面，闺门外讲的话不可传到闺中。男子进入内宅，不可嘘声示意，也不能用手指指点点，夜晚行路要用火把，没有火把就不要外出。女子出门，要以物遮面，如果在夜晚行路，也要点燃火把，否则不要外出。走路的时候，男人靠右边行走，女人靠左边行走。

　　子妇①孝者、敬者，父母舅姑之命勿逆、勿怠。若饮食之，虽不耆，必尝而待②；加之衣服③，虽不欲，必服而待；加之事，人代之，己虽弗欲，姑与之而姑使之，而后复之④。子妇有勤劳之事，虽甚爱之，姑纵之，而宁数休之⑤。子妇未孝、未敬，勿庸疾怨，姑教之；若不可教，而后怒之；不可怒，子放妇出，而不表礼焉⑥。

 注释

　　① 子妇：儿子和儿媳。

　　② 若饮食之，虽不耆，必尝而待：父母公婆如果让儿子、儿媳吃东西，那么即使不喜欢吃，也一定要尝一些。耆，通"嗜"。

　　③ 加之衣服：父母公婆给儿子、儿媳添衣服。

　　④ "加之事"至"而后复之"：父母公婆交代给儿子、儿媳办的事，如果中途父母公婆让他人来代替自己办，那么自己即使不愿意，也姑且先交给代替者来做，代替者做不下去之后，自己再接着来做。姑，姑且。

　　⑤ "子妇有勤劳之事"至"而宁数休之"：儿子、儿媳有辛勤劳累的事，做父母公婆的即使非常爱惜他们，也姑且先让他们去干，宁可让他们多休息几次。

　　⑥ "子妇未孝、未敬"至"而不表礼焉"：儿子、儿媳如果不孝顺，做父母公婆的也不用嫉恨抱怨，姑且先教育他们；如果教育也不管用，那就可以责罚他们；如果责罚也不管用，那就把儿子逐出家门，把儿媳休回娘家。即便闹到这一步，也不对外人明言其过，以免家丑外扬。

 **译文**

　　孝顺恭敬的儿子、儿媳，对于父母公婆的意思，不要违背，也不要懈怠。父母公婆若叫他们吃东西，即便做儿子、儿媳的不爱吃，也要尝一些。父母公婆给他们添加衣服，即便不想穿也要暂时穿上。父母公婆交代要办的事，如果中途叫其他人代替来做，自己即使不愿意，姑且也要交给代替者来做，等到代替者不能做下去之后，自己再接手来做。当

儿子、儿媳在辛苦劳作时，做父母公婆的即使非常爱惜心疼他们，也姑且先让他们去做，宁可让他们多休息几次。如果做儿子、儿媳的不孝敬公婆，也用不着厌恶怨恨，可以先教育他们。如果教育了也不管用，那就责罚他们；如果责罚还不管用，那就把儿子赶出家门，把儿媳休回娘家。即便如此，也不对外人明言他们违背了礼义。

父母有过，下气怡色①，柔声以谏。谏若不入，起②敬起孝，说③则复谏。不说，与其得罪于乡党州闾，宁孰谏④。父母怒不说而挞之流血，不敢疾怨，起敬起孝。

注释

① 下气怡色：即柔声柔气。
② 起：更。
③ 说：通"悦"。下同。
④ 与其得罪于乡党州闾，宁孰谏：与其让父母有过错而得罪于乡党州闾，倒不如自己再三苦苦劝谏。乡党州闾，周代的行政区划。此谓当地乡亲。孰，通"熟"。

译文

父母有了过失，做儿子的要柔声柔气、和颜悦色地劝谏。如果劝谏后父母听不进去，做儿子的就应更加恭敬孝顺，等到他们心情愉悦的时候再次劝谏。如果父母对劝谏不高兴，与其让父母因有过错而得罪于乡党州闾，倒不如自己触犯父母苦谏。父母大怒，不高兴，而把自己打得头破血流，那也不敢厌恶怨恨，而是更加恭敬孝顺。

父母虽没，将为善，思贻父母令名，必果①；将为不善，思贻父母羞辱，必不果。

注释

①思贻父母令名，必果：想到这会给父母带来美名，就一定要做成。贻（yí），遗留。令名，美名。

译文

父母虽然过世了，但儿子将做善事，想到这会给父母带来美名，就必须要做成；若将做坏事，想到这会使父母跟着蒙羞，那就必定不做。

妇将有事，大小必请于舅姑。子妇无私货，无私畜，无私器，不敢私假，不敢私与①。妇或赐之饮食、衣服、布帛、佩帨、茝兰②，则受而献诸舅姑。舅姑受之则喜，如新受赐③；若反赐之，则辞；不得命，如更受赐，藏以待乏④。妇若有私亲兄弟⑤，将与之⑥，则必复请其故，赐而后与之⑦。

注释

①"子妇无私货"至"不敢私与"：儿子、儿媳没有属于自己的财货，没有属于自己的牲畜，没有属于自己的器物，不敢私自借出东西，不敢私自给

人东西。

②妇或赐之饮食、衣服、布帛、佩悦、茞兰：这是指儿媳的娘家亲人赐给儿媳的东西。茞（zhǐ）兰，两种香草，可以制作香囊。

③如新受赐：如同自己刚刚接受了亲友的馈赠一样。

④"若反赐之"至"藏以待乏"：如果公婆把东西又转赠给自己，那就要推辞；实在推辞不掉，就要像重新得到公婆赏赐那样地接受下来，收藏起来，以备公婆需要时再献出来。乏，匮乏。

⑤私亲兄弟：指娘家兄弟。

⑥将与之：即将要把东西给自己的娘家兄弟。与，给予。

⑦则必复请其故，赐而后与之：就必须先向公婆禀明原因，公婆拿出东西赏赐自己，然后再送给他们。

译文

媳妇有事要办，不论大事小情都一定要先向公婆请示。做儿子、儿媳的不能有属于自己的财物、牲畜、器物，不能私自向外借东西，不能私自给人东西。娘家亲友馈赠给媳妇的饮食、衣服、布帛、佩巾、茞兰，媳妇在接受了以后要献给公婆；公婆接受了，媳妇感到十分高兴，就像自己当初接受赠赐一样；如果公婆把东西又转赐给自己，那就要推辞；实在推辞不了，就要像重新受到公婆赏赐一样接受，收藏好，来等待公婆匮乏时再献。如果儿媳有娘家兄弟，将要赠送什么给他们，要先向公婆禀明原因，公婆拿出东西来赏赐自己，自己才可送人。

子能食食①，教以右手；能言，男"唯"女"俞"②。男鞶革③，女鞶丝。六年④，教之数与方名⑤。七年，男女不同席，不共食⑥。八年，出入门户及即席饮食，必后长者，始教之让。九年，教之数日⑦。十年，出就外傅⑧，居宿于外，学书计⑨。衣不帛襦袴⑩。礼帅初⑪，朝夕学幼仪⑫，请肄简谅⑬。十有三年，学乐、诵诗、舞《勺》⑭。成童⑮，舞《象》⑯，学射、御⑰。二十而冠，始学礼⑱，可以衣裘帛⑲。舞《大夏》⑳，惇行孝弟㉑，博学不教㉒，内而不出。三十而有室㉓，始理男事㉔，博学无方㉕，孙友视志㉖。四十始仕，方物出谋发虑㉗。道合则服从，不可则去。五十命为大夫，服官政。七十致事㉘。凡男拜，尚左手㉙。

注释

①子：指年龄较小的孩子。食食：自己吃饭。前一个"食"，为"吃"的意思，后一个"食"指食物。

②男"唯"女"俞"：教男孩儿回答"是"的时候用"唯"，教女孩儿在回答"是"的时候用"俞"。

③男鞶（pán）革：男孩的大带是用革做的。鞶，小囊，装帨巾用。

④六年：指六岁。

⑤数：识数字。方名：方向，东南西北、上下前后的名称。

⑥男女不同席，不共食：男孩和女孩不能同坐，不能一起吃饭。

⑦数日：计算日期。

⑧出就外傅：从家里出来，到外面的老师那里去学习。傅，老师。

⑨书计：识字和算数。书，即六书，这里指识字、写字。计，指九数，即九种计算方法。

⑩衣不帛襦袴：衣裤不用帛。袴，今作"裤"。

⑪礼帅初：礼节还要遵循原来所教的。

⑫幼仪：幼儿礼仪准则之类。

⑬请肄简谅：向老师请教学习的，贵在简要而信实。

⑭乐：指琴瑟之乐。诗：谓乐章。《勺（zhuó）》：一种文舞的名称。

⑮成童：十五岁以上的孩子。

⑯《象》：一种武舞之名。舞者执干戈而舞。

⑰射、御：射箭和驾车。

⑱礼：指的是吉、凶、宾、军、嘉五礼。

⑲衣裘帛：穿皮衣和帛制的衣服。

⑳《大夏》：夏禹乐名。

㉑惇（dūn）行孝弟：笃行孝悌。惇，笃厚。孝，孝顺父母。弟，通"悌"，敬爱兄长。

㉒博学不教：广泛地学习各种知识，但还不能教育他人。

㉓有室：有家室，也指娶妻。

㉔男事：指接受国家分给的田地，供给征役。

㉕博学无方：意思是广泛地学习，不拘泥于方法。方，固定的方法。

㉖孙友视志：孙，通"逊"。视，通"示"。

㉗方物：根据具体情况看待事情。出谋发虑：出谋划策。

㉘致事：告老还乡。

㉙尚左手：意思是左手在上，右手在下。就是拜时，左手抱住右手。

 译文

　　小孩子能自己吃饭的时候，就要教他用右手拿筷子。小孩子能说话了，就要教他们学习答话，男孩用"唯"，女孩用"俞"答话。男孩佩带的小囊要用皮革制成；女孩佩带的小囊要以丝帛制成。六岁的时候，就要教他们识数和辨认方位。七岁以后，就要教他们男女有别，不能坐在一张席子上，不能在一起吃饭。八岁以后，出门、进门以及入席，一定要让长者在前，开始让他们懂得礼让长辈的道理。九岁，要教他们知道朔、望和会用干支记日。十岁，男孩就要离开家跟着外边的老师学习识字和算术，还要住在外边。这时候穿的衣服和裤子都不可以用帛来制作。要遵循以前所学的礼节规矩，早晚要学习小孩子的礼节，向老师学习的，贵在简要而信实。十三岁以后，开始学习音乐，诵读诗歌，学习舞《勺》舞。十五岁以后，要学习舞《象》舞，学习射箭和驾车。到了二十岁，就该举行加冠礼，表示已经成人了，就要开始学习五礼。这时候就可以穿皮和帛制作的衣服了，舞《大夏》之舞。要学习尊敬父母、顺服兄长的道理，广泛地学习各种知识，但尚不足以为师教人，努力地吸收知识，却不可出言为人谋划事情。到了三十岁以后成家时，才开始料理男子的事务。这时要广泛讨教，不拘于固定的方法，对待朋友要谦逊，要观察他们的志向。到了四十岁以后开始做官，要根据具体情况看待事情，出谋划策。如果君臣志同道合，那就在国君手下就职任事；如果君臣道义不相同，那就离开。到了五十岁，受命为大夫，参与安邦治国大事。到了七十岁，年纪变大，身体也衰老了，就该告老还乡。所有男子在行拜礼的时候，都是左手在上，右手在下。

女子十年不出①，姆教婉娩②、听从。执麻枲③，治丝茧，织纴、组、紃④，学女事⑤，以共⑥衣服。观于祭祀，纳酒浆、笾豆、菹醢⑦，礼相助奠⑧。十有五年而笄，二十而嫁；有故⑨，二十三年而嫁。聘⑩则为妻，奔⑪则为妾。凡女拜，尚右手⑫。

注释

① 不出：待在闺中，不常出大门。

② 姆：古代教习女子妇德和妇道的女老师。婉：指说话柔婉，即所谓"妇言"。娩（wǎn）：意思是容貌贞静，即所谓"妇容"。

③ 枲（xǐ）：大麻的雄株。

④ 纴、组、紃（xún）：纴是缯帛；组是带子；紃是绦子，用来镶边。

⑤ 女事：指女红，妇女之事。

⑥ 共：通"供"，供给。

⑦ 观于祭祀，纳酒浆、笾豆、菹醢：在祭祀的时候，要让女子仔细地观摩，在宗庙外面帮忙传递酒浆、笾豆、菹醢等祭品、祭器。

⑧ 礼相助奠：按照礼节的规定，帮助长者安放祭品。

⑨ 故：意思是父母的丧事。

⑩ 聘：男女双方通过媒人来约定婚嫁。

⑪ 奔：私奔。女子不通过媒人而私自投奔所爱之人。

⑫ 尚右手：在行拜礼的时候，右手在上，左手在下。

译文

女孩子长到十岁以后就要待在闺中，不可以经常外出，由教习妇德和妇道的女老师指点她们的学习，让她们学习柔婉地讲话，学习将自己打扮得容貌贞静，学习对父亲、丈夫、儿子听从，还要教她们绩麻缫丝、织布织缯、编织丝带等女红之事，以供制作衣服。在祭祀的时候，还要让她们仔细地观摩学习，在宗庙外面帮忙传递酒浆、笾豆、菹醢等祭品、祭器，按照礼节规定辅助长者进行献祭。女子到了十五岁，就该举行及笄礼，表示已经成年了。女子到了二十岁，就可以出嫁了；如果遇到了父母的丧事，可以推迟到二十三岁再嫁人。如果是明媒正娶，六礼齐备，那就是与丈夫平等的正妻；如果是无媒自通，六礼不备，那就是贱妾。凡是女子在行拜礼的时候，右手在上，左手在下。

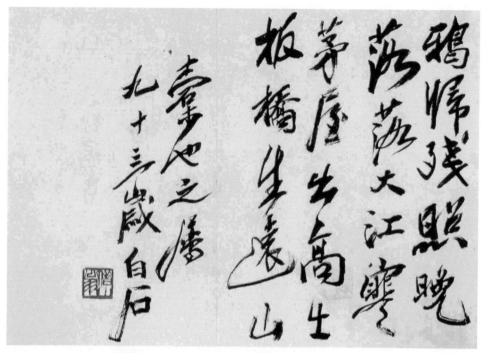

玉藻

　　君无故①不杀牛，大夫无故不杀羊，士无故不杀犬、豕。君子远庖厨②，凡有血气之类，弗身践③也。至于八月不雨，君不举④。年不顺成，君衣布搢本⑤，关梁不租，山泽列⑥而不赋，土功不兴，大夫不得造车马。

 注释

　　① 故：缘故，原因。此处指祭祀、宴飨宾客之事。
　　② 庖厨：厨房，宰杀烹割禽兽的地方。
　　③ 践："翦"字的误写。翦，有"杀"的意思。
　　④ 举：本义为举肺脊而祭，此处引申为杀牲。
　　⑤ 搢：插。本：指士所用的竹笏。国君应用象笏。
　　⑥ 列：通"迾"，遮拦。

译文

　　国君诸侯没有特殊的原因不可以杀牛，大夫没有特殊的原因不可以杀羊，士没有特殊的原因不可以杀狗和猪。凡是贤德和有仁爱之心的人，都远离厨房，凡是一切有生命的动物，贤德和有仁爱之心的人是不会亲自动手宰杀的。如果连续八个月不下雨，国君就不可杀牲。如果年成不好，国君要身穿粗布麻衣，插竹笏，在关口和过桥处不收租税，不向以山林为生的人征收赋税，不大兴土木工程，大夫也不许造新车。

父命呼，"唯"而不"诺"，手执业则投之，食在口则吐之，走而不趋。亲老，出不易方，复不过时。亲瘠①，色容不盛，此孝子之疏节也。父没而不能读父之书，手泽存焉尔；母没而杯、圈②不能饮焉，口泽之气存焉尔。

 注释

① 瘠（jì）：病。
② 圈：通"棬"，盘子。

译文

父亲呼喊儿子的时候，儿子要回答有尊敬意思的"唯"而不是回答敷衍的"诺"，如果手里拿着东西就要立刻放下，如果食物在嘴里就要立即吐出，要迅速跑过去而不是小步快走。父母年纪大了，儿子出门不可随意改变去处，回家也不超过预定的时间。父母生病了，儿子面色忧愁而顾不上讲究仪容，这只是孝子礼仪的粗略表现。父亲去世后，做儿子的不翻阅父亲读过的书，因为那上面还有父亲手汗沾润的痕迹。母亲去世后，做儿子的也不使用母亲用过的杯盘，那是因为那上面还有她口液沾润的痕迹。

明堂位

昔者周公朝诸侯于明堂①之位：天子负斧依②，南乡而立。三公，中阶之前，北面东上。诸侯之位，阼阶之东，西面北上。诸伯之国，西阶之西，东面北上。诸子之国，门东③，北面东上。诸男之国，门西，北面东上。九夷④之国，东门之外，西面北上。八蛮之国，南门之外，北面东上。六戎之国，西门之外，东面南上。五狄之国，北门之外，南面东上。九采⑤之国，应门之外，北面东上。四塞⑥，世告至⑦。此周公明堂之位也。明堂也者，明诸侯之尊卑也。

 注释

① 明堂：在王夫之《礼记章句》中指出，明堂是太庙中的大堂，堂基距离地面九尺高。

② 斧依（yǐ）：也写作"斧康"，是天子朝堂上画有斧形图案的屏风，高八尺，用绛帛制成，置于堂上的户牖之间，有壮威的作用。

③ 门东：太庙大门之内的东面。

④ 九夷：古代东方的夷族之国。"九"与下文的"八""六""五"等数字乃泛指。

⑤ 九采：意思是九州之牧。因采取九州美物贡献天子而得名，九采在应门外，负责纠察秩序。

⑥ 四塞：指九州之外的羁縻之国。

⑦ 世告至：一辈子只来朝见一次。即在旧君去世、新君即位之时来朝见一次。

译文

从前，周公在明堂接受诸侯的朝见，其位置为：周公暂代天子之职，背靠屏风，面朝南而站立。三公站在中阶之前，面向北，以靠东边者为尊。侯爵的位置，在阼阶东面，面朝西，以靠北边者为尊。伯爵的位置，在西阶的西面，面朝东，以靠北边者为尊。子爵的位

置，在门内的东边，面朝北，以靠东边者为尊。男爵的位置，在门内的西边，面朝北，以靠东边者为尊。东方夷族诸国的国君，站在东门之外，面朝西，以靠北边者为尊。南方蛮族的诸国国君，站在南门之外，面朝北，以靠东边者为尊。西方的戎族诸国国君，站在西门之外，面朝东，以靠南边者为尊。北方的狄族诸国的国君，站在北门之外，面朝南，以靠东边者为尊。九州之牧在应门之外站成一排，面朝北，以靠东边者为尊。遥远的九州之外的羁縻之国，一辈子只朝见一次，即只在新君即位时来朝见一次就可以了。这就是周公在明堂接受诸侯朝见时的位置安排。明堂的朝位，就是为了区别诸侯地位尊卑的。

昔殷纣乱天下，脯鬼侯①以飨诸侯，是以周公相武王以伐纣。武王崩，成王幼弱，周公践天子之位，以治天下。六年，朝诸侯于明堂，制礼作乐，颁度量，而天下大服。七年，致政于成王。成王以周公为有勋

劳②于天下，是以封周公于曲阜，地方七百里，革车千乘，命鲁公世世祀周公以天子之礼乐。

① 鬼侯：《史记·殷本纪》作"九侯"。"鬼""九"，古音双声。

② 勋劳：《史记·高祖功臣侯者年表》曰："以德立宗庙定社稷曰勋，以言曰劳。"

从前，殷纣王暴虐无道，天下大乱，杀死鬼国国君以后把他的肉制成肉干，用来宴请其他诸侯，因此周公辅佐武王讨伐纣王。武王去世以后，成王年龄还很小，周公代行天子的职务，来治理天下。暂理朝政的第六年，天下诸侯都到明堂朝见天子，制定了礼仪和乐章，颁布了天下统一的度量衡，天下人全都心悦诚服。暂理朝政的第七年，周公就把政权归还给成王。成王认为周公有功勋辛劳于天下万民，因此封周公为侯，封地在曲阜，国土方圆七百里，兵车一千乘，命令鲁国国君世世代代用天子的礼乐祭祀周公。

大传

上治祖祢①，尊尊②也。下治子孙，亲亲③也。旁治昆弟，合族以食，序以昭缪④。别之以礼义⑤，人道竭矣⑥。

 注释

① 祖祢（nǐ）：祖祢，祖和父。
② 尊尊：尊敬尊长。即摆正与祖、父之间的尊卑关系。
③ 亲亲：亲近后辈。即摆与子孙之间的等级关系。
④ 旁治昆弟，合族以食，序以昭缪：摆正身旁兄弟的亲疏关系，会合族人用食礼对待他们，按照血缘关系的远近排好座位。昆弟，指兄弟。昭缪，指昭穆，缪通"穆"。
⑤ 别之以礼义：以礼义来区别男女。
⑥ 人道竭矣：意思是人伦之道也就是从上面这四个方面来说了。

 译文

向上端正好祭祀祖和父的位次，体现对尊贵者的尊敬。向下确定好子孙们的亲疏远近，体现亲近血缘亲属的原则。从旁理顺亲兄弟、从兄弟的亲疏关系，聚合同族人在宗庙中举行食礼，要按照血缘关系的远近排好座次。通过礼义来区别男女。人伦的道理，也就是从上面这四个方面来说了。

圣人南面而听①天下，所且先者②五，民不与焉③：一曰治亲④，二曰报功⑤，三曰举贤⑥，四曰使能⑦，五曰存爱⑧。五者一得⑨于天下，民无不足，无不赡者；五者一物纰缪⑩，民莫得其死⑪。圣人南面而治天下，必自人道⑫始矣。立权度量，考文章⑬，改正朔，易服色，殊徽号，异器械，别衣服，此其所得与民变革者也。其不可得变革者，则有矣。亲亲也，尊尊也，长长也，男女有别，此其不可得与民变革者也。

 **注释**

① 听：治理。

② 且先者：意思是没有空闲顾忌别的事，以这件事为先，也可说当务之急的事情。

③ 民不与焉：老百姓的事还不包括在内。与，在其中。

④ 治亲：处理好本族亲疏关系。

⑤ 报功：对功臣论功行赏，报答有功的大臣。

⑥ 举贤：推举贤德的人。

⑦ 使能：使用才能出众的人。

⑧ 存爱：体恤有仁爱之心的人。

⑨ 一得：都做到。本句意思是以上五件事全部做到。

⑩ 一物纰缪：一件事做错。纰缪，即差错、疏漏。缪，通"谬"。

⑪ 莫得其死：不得善终。极言造成损害之大。

⑫ 人道：人类的社会道德规范。即指上文的"上治""下治""旁治"。

⑬ 文章：礼乐典章制度。

 译文

国君登基以后，开始治理天下，别的事暂不提及，必须先做五件事情，治民之事不在其中。第一件是处理好本族亲疏关系的顺序，第二件是报答有功之臣，第三件是推荐贤德的人，第四件是任用有才能的人，第五件是体恤有仁爱之心的人。如果这五件事全都做到了，那么，百姓

就没有不满意的，没有不富足的。如果这五件事有一件事做得有差错，百姓就没有能得到善终的。所以，国君一旦登基开始治理天下，必须要从治亲开始做起。设立度量衡，考校礼乐制度，改变历法，改变车马的颜色，改变徽号，改换礼乐之器和兵甲器械，区别服饰，以上这些事情，都是天子可以让民众一道参与变革的。但是，也有不能随着朝代更迭而随意改变的，那就是同族相亲，尊敬祖先，幼而敬长，男女有别，这些就是不能让民众一起参与变革的。

　　同姓从宗，合族属①。异姓②主名③，治际会④。名著而男女有别。其夫属乎父道者，妻皆母道也；其夫属乎子道者，妻皆妇道也⑤。谓弟之妻"妇"者，是嫂亦可谓之"母"乎？名者，人治之大者也，可无慎乎？

注释

①同姓：指父族。从宗：各从大宗、小宗。合族属：合聚族人亲属使他们按照昭穆的顺序排列。

②异姓：指从外姓嫁过来的女子。

③名：名分。

④际会：指婚姻交际会合之事。

⑤父道：父辈，如伯父、叔父。母道：母辈，如伯母、叔母。子道：子辈。妇道：媳妇辈。道，行辈。

译文

同姓的人都要追从他们的宗子，聚合为一个昭穆分明的族属。异姓女子嫁来本族，根据她丈夫的身份来确定她的名分，按照各自的名分治理婚姻交际会合之事。名分称呼明确了，才能做到男女有别。对于嫁到本族的异姓女子来说，她的名分完全取决于她的丈夫，如果她的丈夫属于父辈，那么她就属于母辈；如果她的丈夫属于子辈，那么她就属于媳妇辈。如果把弟弟的妻子称为"媳妇"，那岂不是意味着嫂子也可以称作"母亲"了吗？所以说，名分，是人伦关系中重要的事情，怎么可以不慎重呢？

自仁率亲，等而上之至于祖，名曰轻①；自义率祖，顺而下之至于祢，名曰重②。一轻一重，其义然也③。君有合族之道④，族人不得以其戚戚君⑤，位也⑥。

注释

① 自仁率亲，等而上之至于祖，名曰轻：从恩情这方面来讲，从父亲开始逐代向上推，推到高祖这一辈，丧服越来越轻。仁，意指亲情、仁爱。率，循。

② 自义率祖，顺而下之至于祢，名曰重：从道义这方面来说，从高祖开始逐代往下推，推到父亲，丧服越来越重。

③ 其义然也：宗法的义理就应该是这样。义，宜、应该。

④ 君：国君。合族：聚合全部族人。道：此处有"义务"的意思。

⑤ 以其戚戚君：第一个"戚"指血缘关系。第二个"戚"是动词，指带来麻烦。

⑥ 位也：这是由国君所处的地位决定的。位，权位。

译文

从恩情这方面来说，从父亲开始逐代上推，推到远祖那一辈，恩情是越来越轻；从道义方面来说，从远祖开始逐代向下推，推到父亲这一辈，道义是越来越重。一轻一重，宗法的义理就应该是这样。国君有义务聚合全部族人，设宴款待他们，以使族人能够和睦、保持联系，族人不能凭借宗法亲属关系去烦扰国君，这是由国君所处的地位决定的。

庶子不祭①，明其宗②也。庶子不得为长子三年，不继祖也③。别子为祖④，继别为宗，继祢者为小宗。有百世不迁之宗⑤，有五世则迁之宗⑥。百世不迁者，别子之后也。宗其继别子之所自出者，百世不迁者也。宗其继高祖者，五世则迁⑦者也。尊祖故敬宗，敬宗，尊祖之义也。

注释

① 庶子不祭：意思是只有嫡长子可以祭祖，庶子不可以祭祀祖先。

② 明其宗：表明尊重其嫡长子的地位。

③ 庶子不得为长子三年，不继祖也：指父亲是庶子，就不可以为长子服丧三年。因为父亲是庶子就没有资格继承先祖的正体，他的长子自然也不是继承先祖的正体。

④ 别子为祖：别子，指的是嫡长子的弟弟。因为别子不是嫡长子，不能继承君位。但别子也会有后裔，别子的后裔就可以尊别子为先祖。

⑤ 有百世不迁之宗：指大宗。迁，变更。

⑥ 有五世则迁之宗：指小宗。

⑦ 五世则迁：从己身再往上追溯五世，那么五世亲尽服绝，宗亦迁移。

译文

　　庶子不可以主祭祖庙，是为了表明嫡长子的宗法地位。如果父亲是庶子，就不可以为长子服丧三年，因为庶子不能作为祖祢的继承人。别子为其后裔的始祖，别子的嫡长子继承别子就发展成为大宗，继承别子的庶子是小宗。有百世不变更的宗族，叫作大宗；有五世就变更的宗族，叫作小宗。百世不变更的大宗，就是别子的嫡长子那一支。继承别子的嫡长子那一支，就是百世不变更的大宗。只能继承高祖的宗，是五世就变更的小宗。因为

尊敬先祖，所以才尊敬嫡长子，换句话说，尊敬嫡长子，也就等于尊敬先祖。

自仁率亲，等而上之至于祖，自义率祖，顺而下之至于祢。是故人道亲亲也①。亲亲故尊祖②，尊祖故敬宗③，敬宗故收族④，收族故宗庙严⑤，宗庙严故重社稷⑥，重社稷故爱百姓⑦，爱百姓故刑罚中⑧，刑罚中故庶民⑨安，庶民安故财用足，财用足故百志成，百志成故礼俗刑⑩，礼俗刑然后乐。《诗》云："不显不承，无斁于人斯。"⑪此之谓也。

 注释

①是故人道亲亲也：所以人际关系以亲近自己的家人为出发点。亲亲，亲近、热爱自己的亲属。

②祖：祖先，也可说始祖。

③宗：意思是大宗。因为大宗是始祖的正体。

④收族：意思是以上下尊卑、亲疏远近之序团结族人。

⑤宗庙严：宗庙严整有序，此"宗庙"，谓大宗之宗庙。

⑥重：重视。社稷：此谓国家。

⑦百姓：百官。

⑧中（zhòng）：公正。

⑨庶民：平民百姓。

⑩刑：通"型"，典范，楷模。引申为"美好"之意。

⑪《诗》云"句：大意为文王的功德，光耀天下，令人赞美，人们永远怀念他。不，通"丕"，大也。斁（yì），厌烦。斯，句尾助词。

 译文

从恩情上来说，从父亲开始向上推到远祖，恩情是越来越轻；从道义上来说，沿着远祖逐代往下推到父庙，道义越来越重。所以说，人际关系就是以亲近父母家人为出发点的。亲近自己的父母就一定会尊敬祖

先；尊敬祖先就一定会尊敬
宗子；尊敬宗子就一定会团
结族人；团结族人，宗庙之
中就严整有序；宗庙严整有
序就一定会重视国家社稷；
重视国家社稷就一定会爱护
百官；爱护百官就一定会刑
罚公正；刑罚公正就一定会
百姓安宁；百姓安宁就一定
会财用充足；财用充足就一
定会万事如意；万事如意就
一定会礼俗美好；礼俗美好
就一定会导致普天同乐。《诗
经》上说："文王的功德，伟
大而令人赞美，人们永远怀
念他。"大概说的就是这个
意思。

少仪

侍坐于君子，君子欠伸，运笏，泽剑首^①，还屦^②，问日之蚤莫^③，虽请退可也。

 注释

① 泽剑首：抚摩剑柄。
② 还（xuán）屦：旋转鞋子的方向。
③ 蚤莫：即"早暮"。

 译文

和君子一起坐着说话，如果看到君子打哈欠，伸懒腰，转动笏板，抚摩剑柄，旋转鞋子的朝向，询问时间的早晚。这表明君子已经困倦，不想再交谈了，看到这种情形，就应该主动请求告辞。

事君者量而后入，不入而后量。凡乞假于人、为人从事者亦然。然，故上无怨而下远罪也。

 译文

臣子向国君提建议，一定要仔细思量以后再向国君提出，不要在提出后才思考。凡是向人借东西，或者替别人办事，也要这样。只有这样，才能既不招致国君怪罪，自己也不至于得罪。

言语之美，穆穆皇皇。朝廷之美，济济①翔翔。祭祀之美，齐齐皇皇②。车马之美，匪匪翼翼③。鸾和④之美，肃肃雍雍。

注释

①济济（qí）：端庄整齐的样子。

②皇皇：读音为"往往"，意思是孝子祭祀，心中有所敬畏。

③匪匪：读音为"腓腓"，马行走不止的样子。翼翼：整齐的样子。

④鸾和："鸾"与"和"都是指车铃。鸾在车衡，和在车轼。

译文

言语的美好之处，在于语气平和，言语简单，意思深远。朝廷的美好之处，在于端庄整齐，言行举止合乎礼的要求。祭祀的美好之处，在于谨慎诚恳，心敬鬼神。车马的美好之处，在于行进整齐。鸾铃与和铃的美好之处在于铃声的清脆与和谐。

学记

发虑宪①，求善良②，足以謏闻③，不足以动众④。就贤体远⑤，足以动众，未足以化民。君子如欲化民成俗，其必由学⑥乎！

 注释

①发：发布。虑：谋虑，计划。宪：国家成法。

②求善良：求得善良的人。求，招徕。

③足以謏（xiǎo）闻（wèn）：足以让自己小有声名。謏，通"小"。

④动众：耸动百姓的听闻。

⑤就贤体远：靠近贤明的人，怀柔和自己疏远的人。

⑥学：此处是指学校。

 译文

执政者发布政令，征招善良的能人，这样做完全能够让自己小有声名，但还不足以感动百姓大众。礼贤下士，体恤远人，这样做完全可以感动普通百姓，但还不能够教化百姓。国君要是想要教化百姓，形成良好的风俗，那么一定要从设立学校进行施教开始啊！

玉不琢，不成器；人不学，不知道。是故古之王者建国君民，教学为先。《兑命》曰："念终始典于学。"①其此之谓乎！

注释

①《兑（yuè）命》：即《说命》，《尚书》篇名。念终始典于学：意思是人君应自始至终经常地考虑学习问题。典，经常。

译文

玉如果不经过打磨雕琢，就不会成为有用的器具；人如果不经过学习，就不会知道道理。所以古代的帝王，建立国家，统治人民，都把教育和学习放在第一位。《尚书·说命》篇上讲："人君要自始至终经常地考虑学习问题。"大概说的就是这个意思吧！

虽有嘉肴，弗食，不知其旨①也；虽有至道②，弗学，不知其善也。是故学然后知不足，教然后知困。知不足，然后能自反③也；知困，然后能自强也。故曰：教学相长④也。《兑命》曰："学学半⑤。"其此之谓乎！

注释

① 旨：滋味，美味。

② 至道：再好不过的道理。

③ 自反：反躬自省。意思是反过来要求自己加强学习。

④ 教学相长：教授和学习是互相促进增长的。

⑤ 学学半：今《尚书·说命下》作"敩（xiào）学半"，意思是教别人，其中有一半等于是自己学习。敩，教也。

 译文

即使有美味佳肴，如果不吃，也就不会知道它的美味。即使有最好的道理，如果不学，也就不会知道它的益处。因此，只有先学习，这样之后才能知道自己的不足；教过别人，之后才能发现自己还有感到困惑的地方。知道了自己的不足，之后才能要求自己加强学习；知道了自己还有哪些地方心存疑惑，之后才能发愤图强。因此说：教和学是互相促进增长的。《说命》上说："教别人也是自己学的过程，两者各占一半。"说的大概就是这个意思吧！

古之教者，家有塾①，党有庠②，术有序③，国④有学。比年⑤，中年考校⑥：一年视离经辨志⑦，三年视敬业乐群⑧，五年视博习亲师⑨，七年视论学取友⑩，谓之小成。九年知类通达⑪，强立而不反⑫，谓之大成。夫然后足以化民易俗，近者说⑬服而远者怀之，此大学之道也。《记》曰："蛾子时术之⑭。"其此之谓乎！

 注释

① 塾：古时二十五户人家共有的学校。

② 党：据《周礼》记载，一党为五百家。庠：党的学校名。

③ 术（suì）：通"遂"。《周礼》记载，一万二千五百家为一遂。序：遂的学校叫作序。

④ 国：国都。

⑤ 比年：每年。

⑥ 中年：间隔一年。中，通"仲"，位居第二的。考校（jiào）：考查检测。

⑦ 一年视离经辨志：学习了一年以后，就可以析句分段。视，考查。

⑧ 敬业乐（yào）群：专心自己的学业和亲近同学。

⑨ 博习亲师：广泛涉猎知识，亲近师长。

⑩ 论学：讨论学习有自己的见解。取友：选择和什么样的人交朋友。

⑪ 知类通达：触类旁通。

⑫ 强立而不反：遇到事情不疑惑，不违背师训。

⑬ 说：通"悦"。

⑭ 蛾（yǐ）子时术之：小蚂蚁时时学习衔泥技能，时间长了，也能积土成堆。蛾，古"蚁"字。术，学习。

 译文

　　古代教学的地方，家里设有私塾，一党设有一庠，一遂设有一序，国都则设有大学。每年都有新生入学，每间隔一年进行一次考查检测。第一年考查学生断句分章等基本阅读能力。第三年考查学生是否专心学业和亲近同学。第五年考查学生是否广泛涉猎知识，亲近师长。第七年考查学生在学术上有没有自己的见解，以及和什么样的人交朋友。以上都做到的学生，就可以叫作学有小成。第九年，就开始考查学生能否触类旁通，遇到事情不疑惑，不违背师训，这些都做到的学生，就可以叫作学有大成。这样（做了）之后才能够教化百姓，移风易俗，使身边的人心悦诚服，让离得远的人愿意归服。这就是大学的教育宗旨。古书上说："小蚂蚁时时学习衔泥技艺，时间长了，也能积成土堆。"说的大概就是这个意思吧！

大学始教，皮弁祭菜①，示敬道也。《宵雅》肄三②，官其始也。入学鼓箧③，孙其业也④。夏、楚二物⑤，收其威也。未卜禘不视学⑥，游其志也。时观而弗语，存其心也。幼者听而弗问，学不躐等⑦也。此七者，教之大伦⑧也。《记》曰："凡学，官先事，士先志⑨。"其此之谓乎！

注释

①皮弁祭菜：学生们穿上祭祀的衣服，用芹藻等物祭祀先圣、先师。皮弁，用白鹿皮制成的帽子的名称。祭菜，指行释菜礼，祭先圣、先师。其所用的菜都是芹澡一类的。

②《宵雅》肄三：让学生习唱《诗经·小雅》中的《鹿鸣》《四牡》《皇皇者华》三篇。宵，通"小"。肄，练习。

③入学鼓箧：入学时，首先击鼓警众，然后让学生从书箱中取出要讲的书。

④孙其业也：使学生恭顺地对待学习。孙，通"逊"，恭顺。

⑤夏（jiǎ）：通"槚"，指楸树。楚：指荆条。两种树都是制作教鞭的材料，可以用来体罚学生。

⑥未卜禘（dì）不视学：在没有按占卜的日期举行祭祀之前，老师们不考查学生的学业。卜禘，占卜选定禘祭的日期。禘，为天子五年举行一次的合祭祖先的大祭。

⑦学（xiào）不躐（liè）等：教育学生不可逾越等级，要循序渐进。躐，逾越。

⑧大伦：重要的道理、原则。

⑨凡学，官先事，士先志：凡是教育学生，对于想要学习当官，就要先教以居官之事。对于想要学习为士，就要先教以士应有的志向。

译文

大学开学之时，学生们要穿上祭祀的礼服，用芹藻等物来祭祀先圣和先师，以此来表尊师重道。祭祀的时候，学生们吟唱《小雅》中的

《鹿鸣》《四牡》和《皇皇者华》三篇，鼓励学生在入学之初树立入士为官、为国家做贡献的志向。入学时，首先击鼓警众，然后让学生从书箧中取出要讲的书。这是为了让学生恭顺地对待学业。展示用楸树、荆条制作的教鞭，是为了让偷懒和违纪的学生有所畏惧。没有按照占卜的吉日举行大祭之前，老师们不考查学生的学业，以便学生能在宽松的环境中学习，能够安下心来。老师要经常观察学生，但不要经常地叮咛嘱咐，以便让学生用心思考。年长的学生请教老师，年少的不要插问，因为学习应循序渐进，不能越级。这七条，就是教学的大

道理。《记》上说："凡是教育学生，对于想要学习当官，就要先教以居官之事。对于想要学习为士，就要先教以士应有的志向。"这说的大概就是这个意思吧！

大学之教也，时①教必有正业②，退息必有居学③。不学操缦④，不能安弦⑤；不学博依⑥，不能安《诗》；不学杂服⑦，不能安礼；不兴其艺⑧，不能乐学。故君子之于学也，藏焉，修焉，息焉，游焉⑨。夫然，故安其学而亲其师，乐其友而信其道，是以虽离师辅而不反也⑩。《兑命》曰："敬孙务时敏，厥修乃来。"⑪其此之谓乎！

注释

① 时：指按照时序来安排课程。

② 教必有正业：教授的内容都是正当的课业，例如先王留下的经典。

③ 居学：在家休息时的学习。

④ 操缦：意思是先用一些小调来做指法练习。

⑤ 安弦：善于弹琴。引申为懂音乐，弹奏得好。安，善于。

⑥ 博依：郑玄注："博依，广譬喻也。"此处可指各种比喻，《诗》中的比、兴两种创作手法，都和譬喻有关。

⑦ 杂服：指的是各种场合所穿的衣服。郑玄注："冕服、皮弁之属。"

⑧ 不兴其艺：不重视各种技艺。兴，重视。

⑨ 藏焉，修焉，息焉，游焉：常怀抱学业，修习不废，做事倦息之时坚持学习，闲暇无事之时坚持学习。

⑩ 师辅：老师和朋友。不反：不违背师训。

⑪ "《兑命》曰"二句：见今《尚书·说命下》，文字小异。大意谓：学习的人不仅恭敬谦逊，而且时时勤敏地求学，他的学业才会有所成就。孙，通"逊"。

译文

大学的教育，都是按照一定的时序来安排课程的，教授的内容都是先王遗留的经典，学生在课后休息时也要有课外的学习。就学习来说：如果不先做指法练习，也就不能把琴弹奏得很好；如果不广泛地学习譬喻，也就不能学好《诗经》；如果不知道各类场合所需要穿着的服装，也就不能学好礼仪；如果不重视学习各种技艺，也就不会充满兴趣地去学习。所以，君子对待学习的事情时，就要心里一直想着学业，时常修习不荒废，做事累了也不忘学习，闲暇无事的时候也要认真学习。这样做了以后，就能够学好功课，亲近师长，和朋友愉快相处，信守正道。因此，即使是离开了老师和朋友而独自一人的时候，也不会有任何违反师训的行为。《尚书·说命》上讲："恭敬谦逊，随时努力精进，其所修学业就一定能成功。"说的大概就是这个意思吧！

今之教者，呻其佔毕^①，多其讯言^②，及于数进而不顾其安^③，使人不由其诚，教人不尽其材^④。其施之也悖，其求之也佛^⑤。夫然，故隐^⑥其学而疾其师，苦其难而不知其益也。虽终其业，其去之必速^⑦。教之不刑^⑧，其此之由乎！

 注释

① 呻其佔（chān）毕：看着竹简上的文字拉长语调来读。意思是照本宣科。呻，拉长语调地朗读。佔，通"觇"，注视、视。毕，指竹简。

② 多其讯言：意思是不等学生自己领悟而直接告诉学生。讯，告知。

③ 及于数（shuò）进而不顾其安：贪图过快的进度，而不管学生是否可以接受。及，通"汲"，汲汲也，有"急迫"之意。数，频繁。

④ 使人不由其诚，教人不尽其材：教学生没有足够的诚意，不懂得因材施教。

⑤ 其施之也悖，其求之也佛：做老师的教学方法违背科学规律，做学生的也难以达到自己求知的目的。佛（fú），通"拂"，违反、违背。

⑥ 隐：厌恶。

⑦ 虽终其业，其去之必速：虽然完成了学业学到了头，但所学的知识很容易就忘掉了。

⑧ 刑：成功。

 译文

现如今的老师，只知道照本宣科，拉长语调地读书，不等学生自己领悟，老师就直接告诉学生，急于追求快速的进度，而不顾学生是否可以接受，教育学生没有足够的诚意，也不懂得因材施教。老师的教学方法违背科学规律，做学生的也难以达到自己求学的目的。如果这样做，学生就会厌恶学习，怨恨老师，苦于学业的艰难，而不懂得学习的好处，

虽然完成了学业，但所学的知识必然很快就会忘掉。教育之所以不成功，大概就是这个原因吧！

大学之法：禁于未发之谓豫①，当其可之谓时②，不陵节而施之谓孙③，相观而善之谓摩④。此四者，教之所由兴也。发然后禁，则扞格而不胜⑤；时过然后学，则勤苦而难成；杂施而不孙，则坏乱而不修⑥；独学而无友，则孤陋而寡闻；燕朋逆其师⑦；燕辟⑧废其学。此六者，教之所由废也。

 注释

① 禁于未发之谓豫：在错误还没有发生的时候就制止叫作防患于未然。豫，预防。

② 当其可之谓时：在学生正好处于可以教导的时候教育叫作合乎时宜。

③ 不陵节而施之谓孙（xùn）：对年长的学生和对年幼的学生施以不同的教育，这叫作循序渐进。陵节，超越限度。孙，通"逊"，顺。

④ 相观而善之谓摩：使学生互相观摩，相互取长补短叫作切磋琢磨。

⑤ 扞（hàn）格而不胜：遇到抵触而不起作用。

⑥ 杂施而不孙，则坏乱而不修：杂乱无章地教学而不循序渐进，就会导致混乱的效果而不可收拾。

⑦ 燕朋逆其师：结交习惯不好的朋友就是蔑弃师训。朱熹说："此燕朋是私亵之友，所谓'损者三友'之类。"

⑧ 燕辟：染上不良嗜好。

 译文

大学的教育方法：在学生的错误还没有发生的时候就能够加以制止，叫作防患于未然。当学生正好处于可以教导的年龄而给予教导，叫作合乎时宜。对年长的学生和对年幼的学生施以不同的教育，叫作循序渐进。使学生互相观摩，互相取长补短，叫作切磋琢磨。这四条规则，是能够让教育成功的办法。学生发生了错误，老师才开始想办法制止，就会遇到学生的抵触而不起什么作用。过了适于教导的年龄然后才想要学习，即便很勤劳地学习也难以有很大的成就。杂乱无章地教学而不循序渐进，就会导致混乱的效果不可收拾。独自一人学习而没有朋友，不能和朋友一起切磋，就会导致孤陋寡闻。结交有不好习惯的朋友就会蔑弃师训。染上不良的习气，就会荒废学业。以上这六种情况，是导致教育失败的原因。

君子既知教之所由①兴，又知教之所由废，然后可以为人师也。故君子之教喻②也，道而弗牵③，强而弗抑④，开而弗达⑤。道而弗牵则和⑥，强而弗抑则易⑦，开而弗达则思⑧。和易以思，可谓善喻⑨矣。

 注释

① 所由：由所，从哪里。
② 教喻：教育和引导。
③ 道而弗牵：引导却不强迫。道，通"导"。弗，不。
④ 强而弗抑：鼓励而不勉强。强，劝勉、鼓励。抑，压制。
⑤ 开而弗达：启发而不说透。达，全面。
⑥ 和：意思是指和谐的师生关系。
⑦ 易：容易。
⑧ 思：意思是学生用心思考。
⑨ 善喻：擅长引导。

 译文

君子已经知道教育是怎样兴盛的，也知道教育是怎样衰亡的，这样之后才有资格做老师。所以，老师对学生的教育和引导的方式是，引导而不强迫，鼓励而不勉强，启发而不说透。引导而不强迫，老师和学生的关系就会和谐融洽；鼓励而不勉强，学生就会更容易投入学习中；启发而不说透，学生就可以自己用心思考。能做到师生关系和谐，使学生主动学习，用心思考，可以叫作善于教导了。

学者有四失，教者必知之。人之学也，或失则多①，或失则寡②，或失则易③，或失则止④。此四者，心之莫同也⑤。知其心，然后能救其失也。教也者，长善⑥而救其失者也。

注释

①或失则多：有的失于才识浅薄而一味贪多。则，于。

②或失则寡：有的失于才具宏大而浅尝辄止。

③易：孔颖达解释"易"指"学而不思则罔"。

④止：孔颖达解释"止"指"思而不学则殆"。

⑤此四者，心之莫同也：有这四种过失的人，是由于他们的个性不同。心，个性。莫，不、否。

⑥长（zhǎng）善：培养学生的优点。长，动词的使动用法。

 译文

学习的人易犯四种过失，当老师的一定要知道。人们在学习的时候，有的失于才识浅少而一味贪多，有的失于才识宏大而浅尝辄止，有的失于只学习而不思考，有的失于只思考而不学习。有这四种过失的人，是由于他们的个性不同。知道每个人的个性，这样就能对症下药帮助他们改正他们的过失。老师，就是使学生的优点变得更多，并帮助学生改正过失的人。

善歌者，使人继其声；善教者，使人继其志。其言也约而达①，微而臧②，罕譬而喻③，可谓继志矣。

 注释

①其言也约而达：老师的语言简单却意思明白。

②微而臧：道理深奥而解说得精妙。臧，好、善。

③罕譬而喻：比喻虽少却使人易懂。

 译文

善于唱歌的人，能使人听了他的歌唱后情不自禁地跟着他哼唱。善于教学的人，能使人深受启发，让人自然而然地接受他的观点。老师的语言简单但是意思明白，道理深奥而解说得精妙，少用比喻却能让人明白，这样就可以说是使学生自觉地接受观点了。

君子知至学之难易①，而知其美恶②，然后能博喻③。能博喻然后能为师，能为师然后能为长④，能为长然后能为君。故师也者，所以学为君也。是故择师不可不慎也。《记》曰："三王四代唯其师⑤。"此之谓乎！

 注释

①君子：此处指老师。至学之难易：意思是学者入道的深浅次第。至，到达，这里指学到学问。
②知其美恶：知道学生资质的高低。
③博喻：多方设法使人晓喻。博，广泛地。
④为长：做官。
⑤三王：指夏、商、周三代的开国君主。四代：指虞、夏、商、周。唯其师：以择师为重。

 译文

老师知道学生求学的深浅次第，也知道学生资质的高低，这样才能广泛地因材施教，能广泛地因材施教，便有资格做老师，能做老师以后才能做官，能做官然后才能做国君。所以说，老师，就是可以从他那里学到为君之道的人。因此，选择老师不得不慎重。古书上记载："夏、商、周三代的开国君主和虞、夏、商、周四代都把选择老师当作重要的事。"说的就是这个意思吧！

凡学之道，严①师为难。师严然后道尊，道尊然后民知敬学。是故君之所不臣于其臣②者二：当其为尸③，则弗臣也；当其为师，则弗臣也。大学之礼，虽诏④于天子，无北面⑤，所以尊师也。

注释

① 严：此处是"尊敬"的意思。

② 不臣于其臣：实际的句型应该是"不以其臣为臣"，意思是不以对待臣下的礼节来对待他的臣下。

③ 尸：祭祀祖先时，代替先人接受祭祀的人。

④ 诏：此处是"告"的意思，指给国君讲课。

⑤ 北面：面向北。古代臣子见君，臣北面，君南面。此处的意思是不用行臣子之礼。

译文

在所有学习者奉行的原则中，尊敬师长这一条是很难做到的。师长受到尊敬，然后师长所传的道理才能受到尊重。师长所传的道理受到尊重，然后百姓才懂得尊重知识，严肃地对待学习。所以，国君不用对待臣子的礼节来对待其臣子的情况有两种：一种是在祭祀中，臣子代替先人接受祭祀的时候，国君不以对待臣子的礼节对待；一种是当臣子为国君讲课的时候，国君不以对待臣子的礼节对待。大学中的礼法规定，就是臣子给天子讲课的时候，也不需要行臣子之礼，这就是为了表示对老师的尊敬。

善学者，师逸而功倍，又从而庸之①；不善学者，师勤而功半，又从而怨之。善问者，如攻坚木②，先其易者，后其节目③，及其久也，相说以解④；不善问者反此⑤。善待问者，如撞钟⑥，叩之以小者则小鸣，叩之以大者则大鸣，待其从容，然后尽其声；不善答问者反此。此皆进学⑦之道也。

注释

① 庸之：意思是把功劳归于老师。庸，功劳。

② 攻坚木：劈砍坚硬的树。

③ 后其节目：然后劈砍那些疙里疙瘩的部分。节目，这里比喻难懂的问题。节，节疤。目，树木纹理纠结不顺的地方。

④ 相说（tuō）以解：意思是那些疙里疙瘩部分也被劈掉了。

⑤ 反此：和这种不同的情况。

⑥ 善待问者：善于回答学生发问的老师。如撞钟：这是一个隐喻，将老师比作钟，学生比作撞者。

⑦ 进学：增进学习。

译文

　　善于学习的人，老师费力不大但是教学的效果是双倍的，学生还把功劳归于老师。不善于学习的人，老师很勤苦但是学习的效果还赶不上老师教的一半，学生还怪罪老师。善于提出问题的人就像是砍劈坚硬的树，先劈砍容易劈砍的地方，然后劈砍有节疤的地方，慢慢地时间长了，那些疙疙瘩瘩难以劈砍的部分也就砍开了。不善于提出问题的人则与此相反。善于回答发问的人就好比撞钟一样，轻轻地撞，则钟声小；用力地撞，则钟声大；从容不迫地撞，就一五一十、原原本本地给予回答，就像余韵悠扬的钟声。不善于回答问题的人则与此相反。这些都是增进学习的办法。

　　记问之学，不足以为人师。必也其听语①乎！力不能问，然后语之；语之而不知，虽舍之②可也。

 注释

　　① 听语：听取学生提出的各种疑问并做出回答。
　　② 舍之：暂时把它丢开，以后再讲。

 译文

　　单靠死记硬背一些知识而没有自己见解的人，是没有资格做老师的。有资格做老师的一定是那些能根据学生提出的疑问做出回答的人。如果学生的水平还提不出任何疑问，这时候老师应该主动讲给学生听。如果讲解后，学生还是不理解，那就只好暂时把它丢开，以待将来再讲。

　　良冶之子，必学为裘①；良弓之子，必学为箕②；始驾马者反之，车在马前③。君子察于此三者④，可以有志于学矣。

注释

①冶：冶铸金属的工匠。裘：皮衣。

②良弓：这里指制弓的工匠。箕：指的是用柳条编的畚箕。

③始驾马者反之，车在马前：刚开始学习驾车的小马，要放在马车的后面，让小马跟着驾车的老马观察学习一段时间。

④此三者：这三件事情，指上文的三个比喻。孔颖达说："三事皆须积习，非一日所成。君子察此三事之由，则可有志于学矣。"

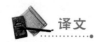

译文

以冶铸金属的技能世世代代相传的工匠之家，他们的子弟一定会学好缀皮为裘的本领。以制弓的技能世世代代相传的制弓之家，他们的子弟一定会学好编畚箕的本领。刚开始学习驾车的小马，一定要先把它放在马车的后面，让小马跟着驾车的老马观察学习一段时间。君子如果能够仔细观察这三件事情，就可以坚定求学的志向了。

古之学者，比物丑类①。鼓无当于五声，五声弗得不和②；水无当于五色，五色弗得不章③；学无当于五官④，五官弗得不治；师无当于五服⑤，五服弗得不亲。

注释

①比物丑类：意思是对事物进行相关联系，来比较归纳。丑类，归类。丑，相同。

②当：处，属于。五声：指的是宫、商、角、徵、羽。弗得：指没有鼓声的配合。

③五色：指的是青、赤、黄、白、黑。章：分明，鲜明。

④ 五官：指司徒、宗伯、司马、司寇、司空。

⑤ 五服：指的是按照血缘关系远近制定的五种丧服，包括斩衰、齐衰、大功、小功、缌麻。这里泛指人伦关系。

 译文

古代的学者，通过对同类事物进行相关联系然后比较而将其归类。鼓的声音不属于五声中的任何一声，但是如果没有鼓声的调和五声就不会和谐；水不属于五种颜色之中的任何一色，但是如果没有水的调和五色就不会颜色鲜明；学问不属于五种官职当中的任何一个，但无论做什么官没有学问就不能把事情办好；老师不属于五服亲属中的任何一服，但是如果没有老师的教导，五服中的人们就不会知道谁与谁亲。

君子曰："大德不官①，大道不器②，大信不约③，大时不齐④。察于此四者，可以有志于本矣⑤。"三王之祭川也，皆先河而后海，或源也，或委⑥也。此之谓务本⑦。

 注释

① 大德不官：道德水平很高的人，不限于只担任某种官职。

② 大道不器：懂得事物根本道理的人，不限于一定的用处。

③ 大信不约：最讲诚信的人，不必靠立约来约束。

④ 大时不齐：把握大时机的人，行动并不整齐划一。齐，同时。

⑤ 察于此四者，可以有志于本矣：懂得这四种情况的人，就可以坚定以学习为本的信心了。

⑥ 委：众水汇集之处，指海。

⑦ 务本：致力于根本。本，根本。

译文

君子说："道德水平很高的人不会限于只担任某种官职。懂得事物根本道理的人，不限于一定的用处。最讲诚信的人不必靠任何赌咒发誓来约束。把握大时机的人行动并不整齐划一。"懂得这四种情况的人，也就可以坚定以学为本的信心了。夏、商、周三代君主在祭祀大河的时候，都是按照先祭祀河流而后祭祀海的顺序，河是海水的源头，海是河的末尾。这就叫追求根本之道了。

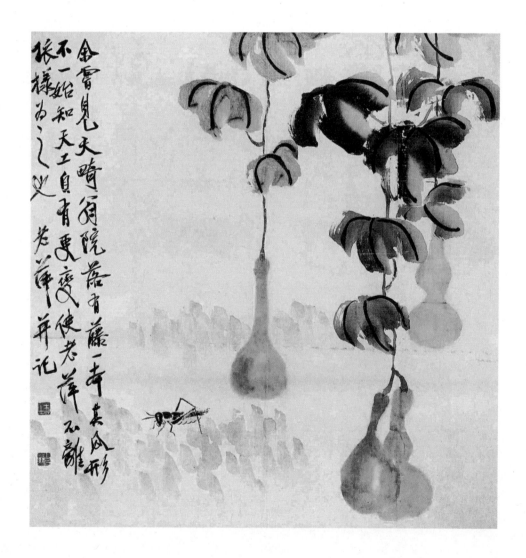

乐记

凡音之起①，由人心②生也。人心之动，物③使之然也。感于物而动，故形于声④。声相应，故生变⑤。变成方，谓之音⑥。比音而乐之，及干戚、羽旄⑦，谓之乐。

 注释

① 音：宫、商、角、徵、羽杂比的叫音，单独发出的叫声。起：产生。
② 心：人的思想感情。古代人认为思考的器官是心。
③ 物：外界事物。
④ 故形于声：就会表现为声音。
⑤ 声相应，故生变：意思是仅仅同声相应还不足以构成音乐，所以要产生变化。这个"变"就是杂比。
⑥ 变成方，谓之音：杂比的结果，就是通过一定方法变化，成了动听的曲子，称之为音。
⑦ 干戚：盾和斧，用于武舞的道具。羽旄：翟羽和牛尾，用于文舞的道具。

 译文

凡是音的起始，都是由人的内心活动产生的。而人的内心活动，是受到外物的触发的。人的内心有感于外物而产生活动，由声表现出来。声与声相应和，因而发生变化。因变化形成一定的规律，就叫音律。把音组合后用乐器演奏，再加上手执干戚、羽旄的舞蹈动作，就叫作乐了。

乐者，音之所由生也①，其本在人心之感于物也②。是故其哀心感者，其声噍以杀③；其乐心感者，其声啴以缓④；其喜心感者，其声发以散⑤；其怒心感者，其声粗以厉⑥；其敬心感者，其声直以廉⑦；其爱心感者，其声和以柔⑧。六者，非性也⑨，感于物而后动。是故先王慎所以感之者⑩。故礼以道⑪其志，乐以和其声⑫，政以一其行⑬，刑以防其奸。礼、乐、刑、政，其极⑭一也，所以同民心而出治道⑮也。凡音者，生人心者也。情动于中，故形于声，声成文⑯，谓之音。是故治世之音安以乐⑰，其政和⑱；乱世之音怨以怒⑲，其政乖⑳；亡国之音哀以思㉑，其民困。声音之道，与政通矣㉒。

注释

① "乐者"二句：乐是由声音所产生的。

② 本：本源。物：外物。

③ 噍以杀：噍（jiāo），急促。以，而。杀（shài），衰减。

④ 啴（chǎn）以缓：舒展和缓。

⑤ 发以散（sǎn）：焕发而舒畅。

⑥ 粗以厉：粗犷而严厉。

⑦ 直以廉：端正方直。

⑧ 和以柔：和顺温柔。

⑨ 六者，非性也：以上六种情感的发生，并不是人心所固有的。

⑩ 是故先王慎所以感之者：所以先王非常注意能够影响人心的外物。

⑪ 道：通"导"，引导。

⑫ 和其声：调和人的性情。声，《说苑·修文》作"性"，性情。

⑬ 一其行：统一人的行动。

⑭ 极：所要达到的目的。

⑮ 出治道：产生治平之道。或曰实现天下大治。

⑯ 文：文就是文章的文，声能成文是由于声的清浊变化有规律，形成一定的结构和组织，不再是简单的声了，就如同文章不再是单个的字词一样。

⑰ 治世：天下大治。安以乐：安详快乐。

⑱ 政和：政治平和。

⑲ 怨以怒：怨恨而愤怒。

⑳ 政乖：政治紊乱。乖，背戾。

㉑ 哀以思：悲伤而哀思。

㉒ 声音之道，与政通矣：有什么样的政治，就有什么样的声音，故云。

 译文

乐，是由声音生成的，它产生的本源在于人心对于外物有所感受。因此，被物所感而产生悲哀的情感时，发出的声音就急促渐弱；心里有了快乐的情感时，发出的声音就舒展而和缓；人心有了喜悦的感受时，发出的声音就明朗而轻快；心里有了愤怒的情感时，发出的声音就粗犷而激越；心里有了崇敬的感受时，发出的声音就庄重而正直；心里有了爱恋的情感，发出的声音就和顺而温柔。这六种情感并非出自人的天性，而是受到外物的激发产生的。因此，古代圣王十分注意能够影响人心的外界事物：因此用礼来诱导人的意志，用乐来调和人的性情，用政令来统一人们的行动，用刑法来防止奸乱。礼、乐、刑、政，它们的终极目的是相同的，都是为了齐民心而使天下出现大治的世道啊。凡是音，都是在人心中生成的。感情在心里激动，表现为声，各种声组合变化为有一定结构的整体称为音。因此，世道太平时的音中充满安适和欢乐，其政治必平和；乱世的时候音里充满了怨恨与愤怒，其政治必是紊乱的，灭亡及濒于灭亡的国家其音充满哀和愁思，百姓困苦无望。由此看来，声音的道理，是与政治相通的。

宫为君，商为臣，角为民，徵为事，羽为物①。五者不乱，则无怙懘之音矣②。宫乱则荒③，其君骄；商乱则陂④，其官坏；角乱则忧，其民怨；徵乱则哀，其事勤；羽乱则危，其财匮。五者皆乱，迭相陵，谓之慢⑤。如此则国之灭亡无日矣。

注释

①"宫为君"至"羽为物"：宫声代表君，商声代表臣，角声代表民，徵声代表事，羽声代表物。

②五者不乱，则无怗懘之音矣：如果这五声不乱，就不会出现不和谐的曲调。不乱，指相生之次序和大小之次序不混乱。怗懘（zhān chì），不和谐，败坏。

③荒：放散。

④陂（bì）：倾斜。

⑤五者皆乱，迭相陵，谓之慢：如果宫、商、角、徵、羽五声都乱了套，彼此互相侵凌，秩序荡然，那就会奏出所谓的慢音。慢，指乱到无以复加之音。

译文

宫声象征君，商声象征臣，角声象征民，徵声象征事，羽声象征物。如果这五音不乱，就不会出现不和谐的曲调。如果宫声混乱则曲调散漫，象征着国君的骄恣；商声混乱则曲调不正，象征着官员的腐败；角声混乱则曲调忧伤，象征着百姓的怨言不满；徵声混乱则曲调悲哀，象征着百姓的徭役繁重；羽声混乱则曲调危急，象征着财物缺少。如果宫、商、角、徵、羽五者都乱了套，彼此互相侵凌，这时候的音就叫作散漫之音了。如果已经到了这种地步，国家的灭亡也就不剩几天了。

郑、卫之音，乱世之音也，比于慢矣①。桑间濮上之音②，亡国之音也，其政散③，其民流④，诬上行私而不可止也。

注释

①郑、卫之音，乱世之音也，比于慢矣：郑、卫之音，属于乱世之音，接近于慢音了。

②桑间濮上之音：指《诗经·鄘风·桑中》一类的歌诗。桑间，地名，在濮水之旁。

③政散：政治混乱。

④流：流离失所。

译文

郑国、卫国的音乐，属于乱世之音，等同于慢音了。桑间濮上的音乐，属于亡国之音，它反映了国家政治的极端混乱，老百姓的流离失所，民不聊生，统治者的欺上瞒下、自私自利而不可停止。

凡音者，生于人心者也。乐者，通伦理者也。是故知声而不知音者，禽兽是也。知音而不知乐者，众庶是也。唯君子为能知乐。是故审声以知音，审音以知乐，审乐以知政，而治道备矣。是故不知声者不可与言音，不知音者不可与言乐。知乐，则几①于礼矣。礼乐皆得，谓之有德②。德者，得也。是故乐之隆，非极音也；食飨之礼，非致味也③。《清庙》之瑟④，朱弦而疏越⑤，一倡而三叹，有遗音者矣⑥。大飨之礼，尚玄酒而俎腥鱼⑦，大羹⑧不和，有遗味者矣⑨。是故先王之制礼乐也，非以极口腹耳目之欲也，将以教民平好恶而反人道之正也。

注释

①几：接近。

②礼乐皆得，谓之有德：既懂得礼，又懂得乐，那才叫作有德。

③是故乐之隆，非极音也；食飨之礼，非致味也：所以，乐的隆重，并不是为了极尽听觉上的享受；食飨之礼的盛大，并不是为了极尽味觉上的享受。

④《清庙》之瑟：演奏《清庙》乐章所用的瑟。《清庙》为《诗经·周颂》中的篇名，是周人祭祀文王时的乐歌。

⑤朱弦：用煮过的朱丝做成的弦。越（huó）：瑟底部的小孔。孔颖达疏："弦声既浊，瑟音又迟，是质素之声，非要妙之响。"

⑥一倡三叹：一人领唱，三人和唱。有遗音者矣：这才是先王留传下来的真正的音乐呀！

⑦尚玄酒：尽管祭神的酒类品种很多，而以玄酒为上。玄酒，即水。俎腥鱼：尽管有牛羊猪可以做俎实却弃之不用，而以生鱼为俎实。腥，生。

⑧大（tài）羹：煮肉的清汤。

⑨有遗味者矣：这才是先王留传下来的真正的滋味呀！

 译文

所有的"音"，都是来源于人心的。所有的"声"，都是和伦理道德相通的。所以只懂得声音而不懂音调的，就是蒙昧不开的禽兽；只懂得音调而不懂得音乐的，就是普通的平民百姓。只有君子才懂得什么是音乐。所以，君子辨别声音进而懂得音调，从辨别音调进而懂得音乐，从辨别音乐进而懂得政事，于是治国方法也就完备了。所以，不懂得声音的人，就没法和他谈论音调；不懂得音调的人，就没法和他谈论音乐。懂得音乐的人基本也就懂得礼了。既懂得礼，又懂得乐，那才叫作有德。所谓德，就是得到的意思。所以，隆重的乐，并不是为了极尽听觉上的享受；食飨之礼的供品丰富，并不是为了极尽味觉上的享受。演奏《清庙》乐章所用的瑟，配以朱丝做的弦，疏通底孔，一个人领头唱，三个人应和，其目的显然不在于追求动听，但是这才是先王留传下来的真正的音乐呀！又如祭祀大飨的礼，玄酒作为上品被放在前列，盘子里放的是生肉、生鱼，肉汁也不加任何调料，其目的显然也不在于追求好吃，但是这才是先王留传下来的真正的滋味呀！所以说，古代圣王制礼作乐，其目的并不是要满足人们口腹耳目的享受，而是要教育人们辨别好坏，回到做人的正道上来。

情奴

人生而静，天之性也。感于物而动，性之欲也①。物至知知，然后好恶形焉②。好恶无节于内，知诱于外③，不能反躬④，天理⑤灭矣。夫物之感人无穷，而人之好恶无节，则是物至而人化物⑥也。人化物也者，灭天理而穷人欲者也⑦。于是有悖逆诈伪⑧之心，有淫泆作乱⑨之事。是故强者胁弱，众者暴寡，知者⑩诈愚，勇者苦怯⑪，疾病不养，老幼孤独不得其所，此大乱之道也。

 注释

①感于物而动，性之欲也：受到外界的影响而有所触动，这是人的本性受到了引诱。孔颖达疏："'感于物而动，性之欲也'者，其心本虽静，感于外物而心遂动，是性之所贪欲也。"

②物至知知，然后好恶形焉：外物到来，人的心智会有所知觉，就会表现为两种态度：喜好或厌恶。至，来。第一个"知"意思是心智，第二个"知"意思是心智对外物的感知。

③知诱于外：心智被外物引诱。

④反躬：反省自身。

⑤天理：天性。

⑥人化物：人性被外物所征服。

⑦灭天理而穷人欲者也：人的天性完全丧失，放纵人的欲望。

⑧悖逆诈伪：欺诈虚伪、犯上作乱。

⑨淫泆（yì）作乱：胡作非为，纵欲放荡。

⑩知者：指智者。

⑪勇者苦怯：勇猛者使怯懦者感到困苦。

 译文

人生下来是喜好宁静的，这是人的天性。受到外界的影响而有所触动，这是人性中的欲望。外物到来，人的心智会有所知觉，就会表现出喜好或厌恶两种态度。如果自身无法节制喜好或厌恶的态度，心智又被外物引诱，不能自我反省，那么人的天性就会完全丧失。外界事物给予人的感受是没有穷尽的，如果人对于自己的爱好和厌恶不加限制，那就等于外界事物和人一接触，人性就被外物完全征服了。人被外界事物完全征服，就等于人灭掉了天生的清净之性，无限制地追求欲望的实现。如果发生了这些，人就会产生犯上作乱、欺诈虚伪之心，就会做出纵欲放荡、胡作非为之事。因此，强者压迫弱者，人多的欺负人少的，聪明人欺诈老实人，勇猛的人折磨怯懦的人，生病的人得不到供养，年老的人、年幼的人、孤寡的人生活没有保障，得不到关怀。这就是天下大乱的由来啊。

　　是故先王之制礼乐①，人为之节②。衰麻哭泣③，所以节丧纪也；钟鼓干戚④，所以和安乐⑤也；昏姻冠笄⑥，所以别男女也；射乡食飨⑦，所以正交接也。礼节民心，乐和民声，政以行之，刑以防之⑧。礼、乐、刑、政，四达而不悖⑨，则王道备矣。

 注释

　　① 制礼乐：制作出礼、乐的规范。

　　② 人为之节：使百姓的欲望得到节制。

　　③ 衰（cuī）麻哭泣：有关丧服以及哭泣的规定。

　　④ 钟鼓干戚：乐器和舞具。钟鼓是乐器，干戚是舞具。

　　⑤ 和安乐（lè）：调节安乐。

　　⑥ 冠笄：冠礼、笄礼分别是男子、女子的成年礼。古代男子二十岁举行冠礼，女子十五岁举行笄礼。

　　⑦ 射：指乡射礼。乡：指乡饮酒礼。食飨：食礼和飨礼。

　　⑧ 礼节民心，乐和民声，政以行之，刑以防之：用礼来节制民心，用乐来调节民声至于和谐，用政令加以推行，用刑罚加以防范。民声，人民的声音。

　　⑨ 四达而不悖：礼、乐、刑、政这四个方面都得到贯彻而不发生梗阻。

译文

所以说古代圣王制定礼、乐，使百姓的欲望得到节制：古代圣王制就有关丧服、哭泣的规定，这是用来节制丧事的；古代圣王制就钟鼓干戚等乐器舞具，这是用来调节安乐的；古代圣王制就男女婚姻和男女的成年礼，这是用来让男女有别的；古代圣王制就射、乡、食、飨的礼，这是用来规范百姓交往的。用礼来节制民心，用乐来调和民性，用政令加以推行，用刑罚加以防范。礼、乐、刑、政，如果这四个方面的作用都得到发挥而没有阻拦，也就具备王道政治了。

祭义

曾子曰："孝有三①：大孝尊亲⑦，其次弗辱③，其下能养。"公明仪④问于曾子曰："夫子可以为孝乎⑤？"曾子曰："是何言与⑥！是何言与！君子之所谓孝者，先意承志⑦，谕父母于道⑧。参，直养者也⑨，安能为⑩孝乎？"

 注释

① 三：指三等。
② 尊亲：以自己的高尚道德和优秀才能赢得社会尊敬，从而使双亲引以为豪。
③ 弗辱：不玷辱父母的声名。
④ 公明仪：人名，曾子弟子。
⑤ 夫子可以为孝乎：老师您的作为可以称得上"孝"了吧？为，通"谓"，称得上。
⑥ 是何言与：你说的这是什么话！
⑦ 先意承志：是不等父母有所表示就把父母想办的事办了。
⑧ 谕父母于道：使父母放心自己的所作所为都是合乎正道的。
⑨ 参：曾子名参，此处是曾子自称。直：但，仅仅。
⑩ 为：通"谓"，称作。

 译文

曾子说："孝有三等：第一等的孝是能让父母引以为豪，光耀父母；

礼记这样读

第二等的孝是不玷辱父母的声名，第三等的孝是能够供养父母。"曾子的弟子公明仪向曾子问道："老师您可以说是做到了'孝'吧？"曾子答道："你说的这是什么话！你说的这是什么话！君子所说的孝，是在父母还没有表达自己的愿望之前就把父母想办的事办好了，同时又能使父母放心自己的所作所为都是合乎正道的。我只不过是做到了供养父母罢了，怎能说是做到了'孝'呢！"

曾子曰："身也者，父母之遗体也①。行②父母之遗体，敢不敬乎？居处③不庄，非孝也；事君不忠，非孝也；莅官④不敬，非孝也；朋友不信，非孝也；战陈⑤无勇，非孝也。五者不遂，栽及于亲⑥，敢不敬乎？亨孰膻芗⑦，尝而荐之⑧，非孝也，养也。君子之所谓孝也者，国人称愿然曰⑨：'幸哉有子⑩'如此，所谓孝也已。"

注释

① 身也者，父母之遗体也：自己的身体乃是父母身体的延续。
② 行：使用。
③ 居处：指日常生活中的仪容举止。
④ 莅官：位居官位。
⑤ 战陈：即战阵，临阵作战。陈，通"阵"。
⑥ 五者不遂：五个方面有一点没有做到。遂，成，做到。栽：通"灾"。
⑦ 亨孰膻芗：加工制作一些美味的食物。亨，通"烹"。孰，通"熟"。膻，陈戌国校改作"馨"。芗，通"香"。
⑧ 尝而荐之：品尝过后再向父母推荐，进献给父母。
⑨ 称愿：称美喝彩。然：转折连词，而。
⑩ 幸哉有子：有这样的儿子真是幸运啊！

译文

曾子说："自己的身体就是父母身体的延续。使用父母身体的延续来做事，怎么敢不恭恭敬敬、小心翼翼呢？日常生活中仪容举止不端重，是不孝；为君主做事不忠诚，是不孝；身居官位不兢兢业业，是不孝；对待朋友没有诚信，是不孝；临阵作战不勇敢，是不孝。这五个方面有一点做不到，祸患就会殃及父母身体的延续，由此看来，怎么敢不恭恭敬敬、小心翼翼呢？制作佳肴美味，品尝之后进献给父母，这不能算作是孝，只能算作是供养。君子所说的孝，是全国的人都称羡喝彩地说：'有这样的儿子，做父母的真是有福气呀！'这才是所谓的孝啊。"

曾子曰："夫孝，置之^①而塞乎天地，溥之而横乎四海^②，施诸后世而无朝夕，推而放诸东海而准^③，推而放诸西海而准，推而放诸南海而准，推而放诸北海而准。《诗》云：'自西自东，自南自北，无思不服^④。'此之谓也。"

 注释

① 置之：把孝树立起来。置，通"植"。

② 溥之：把孝平放起来。溥，本亦作"敷"，散布。横：充满，遮盖。

③ 推而放诸东海而准：推广到东海是准则。诸，之于。放诸，就是"把……放到……"。

④ 自西自东，自南自北，无思不服：从西到东，从南到北，没有人不遵从。思，助词，无义。

 译文

曾子说："所谓的孝，把它竖起来可以充斥天地，把它平着放可以覆盖四海，流传到后代也被人们不分日夜地永远遵循奉行，推广到东海是人们的行为准则，推广到西海是人们的行为准则，推广到南海是人们的行为准则，推广到北海是人们的行为准则。《诗经》上说：'从西到东，从南到北，没有人不遵从。'说的就是这种情况。"

乐正子春^①下堂而伤其足，数月不出，犹有忧色^②。门弟子^③曰："夫子之足瘳矣^④，数月不出，犹有忧色，何也？"乐正子春曰："善如尔之问也^⑤！善如尔之问也！吾闻诸曾子，曾子闻诸夫子^⑥，曰：'天之所生，地之所养，无人为大^⑦。父母全而生之^⑧，子全而归之^⑨，可谓孝矣。不亏^⑩其体，不辱^⑪其身，可谓全矣。故君子顷步^⑫而弗敢忘孝也。'今予忘孝之道，予是以有忧色也。壹^⑬举足而不敢忘父母，壹出言而不敢忘父母。壹举足而不敢忘父母，是故道而不径^⑭，舟而不游^⑮，不敢以先父母之遗体行殆⑯。壹出言而不敢忘父母，是故恶言不出于口，忿言不反于身⑰。不辱其身，不羞其亲，可谓孝矣。"

注释

① 乐正子春：人名，曾子弟子。

② 忧色：忧虑的脸色，愁容。

③ 门弟子：指及门弟子。

④ 夫子：这里指乐正子春。瘳（chōu）：病愈。

⑤ 善如尔之问也：你问得真好啊！善如，也作"善乎"。本句是倒装句。

⑥ 夫子：这里指孔子。

⑦ 无人为大：没有比人更高贵的了。

⑧ 全：完整无缺。生之：指生下孩子。

⑨ 归之：归还父母。

⑩ 亏：损伤。

⑪ 辱：玷辱。

⑫ 顷（kuǐ）步：指半步。顷，通"跬"。古代称一举足叫作跬，再举足叫作步。

⑬ 壹：凡是。

⑭ 道而不径：走大路而不走小路。

⑮ 舟而不游：乘船过河而不游泳过河。

⑯ 行殆：做危险的事。

⑰ 忿言：指其他人的辱骂。不反于身：不会波及自身。身，指自身。

译文

乐正子春下堂时扭伤了脚，好几个月不出门，脸上还带有忧虑的神色。他的弟子说："老师的脚伤已经痊愈了，好几个月不出门，还一脸愁容，为什么呢？"乐正子春说："你问得太好了！你问得太好了！我听曾子说过，曾子也是从孔子那儿听说的：'天地生养的万物中，没有比人更高贵的了。父母把孩子完好无缺地生下来，孩子也要完整地把身体归还父母，这才叫作孝。不让自身受到损伤，不使自身声名受到玷污，这才叫作完整。'所以，君子每走半步都不敢忘掉孝道。如今我的脚受伤了，这就是忘掉了孝道啊，所以，我才面有愁容啊。每抬一次脚都不敢把父母忘掉，每说一句话都不敢把父母忘掉。因为每抬一次脚都不敢把父母忘掉，所以走路的时候走大路而不走小路，过河的时候要乘船渡过而不是游泳渡河，不敢拿父母赐予的身体做危险的事。因为每说一句话都不敢把父母忘掉，所以从不说伤害他人的话，也不会让别人的辱骂波及自己身上。不让自己的身体受辱，就等于没让父母蒙羞，这就可以称作孝了。"

经解

孔子曰:"入其国,其教可知也①。其为人也,温柔敦厚,《诗》教也;疏通知远②,《书》教也;广博易良③,《乐》教也;絜静精微④,《易》教也;恭俭庄敬,《礼》教也;属辞比事⑤,《春秋》教也。故《诗》之失,愚;《书》之失,诬;《乐》之失,奢;《易》之失,贼;《礼》之失,烦;《春秋》之失,乱⑥。其为人也,温柔敦厚而不愚,则深⑦于《诗》者也;疏通知远而不诬,则深于《书》者也;广博易良而不奢,则深于《乐》者也;絜静精微而不贼,则深于《易》者也;恭俭庄敬而不烦,则深于《礼》者也;属辞比事而不乱,则深于《春秋》者也。"

 注释

①入其国,其教可知也:进入一个国家,只要看看那里的风俗,就可以知道该国的教化如何了。

②疏通知远:通晓远古之事。因为《尚书》是讲虞、夏、商、周的历史的。

③广博易良:心胸宽广,心地和易善良。乐的主要功能是和同。

④絜静精微:纯洁沉静,洞察细微。絜,通"洁"。

⑤属辞比事:善于辞令和排比事例。

⑥"故《诗》之失,愚"至"《春秋》之失,乱":所以,《诗》学过了头,就会变得愚蠢;《书》学过了头,就会失于言过其实;《乐》学过了头,就会失于奢侈;《易》学过了头,就会陷入迷信;《礼》学过了头,就会变得烦琐;《春秋》学过了头,就会陷入作乱犯上。

⑦深:透彻。

译文

孔子说："到一个国家，只要观察百姓的风俗，就可以知道这个国家的教化如何了。他们的为人，如果温和柔顺、朴实忠厚，那便是《诗》教化的结果；如果是通达人情世故，知道久远的历史，那便是《书》教化的结果；如果是心胸宽广，心地和易善良，那便是《乐》教化的结果；如果是纯洁沉静、洞察细微，那便就是《易》教化的结果；如果是端庄恭敬，那便是《礼》教化的结果；如果是善于辞令、排比事例，那便是《春秋》教化的结果。所以，《诗》学过了头，就会变得愚蠢；如果《书》学过了头，就会失于言过其实；如果《乐》学过了头，就会变得铺张奢侈；如果《易》学过了头，就会陷入迷信；如果《礼》学过了头，就会陷入烦琐；如果《春秋》学过了头，就会陷于作乱犯上。作为一个人，如果温和柔顺、朴实忠厚而不陷入愚蠢，那就是真正学好了《诗》；如果通达人情世故，知道久远的历史而不言过其实，那就是真正学好了《书》；如果心胸广阔坦荡而不变得铺张奢侈，那就是真正学好了《乐》；如果清洁沉静、洞察细微而不陷入迷信，那就是真正学好了《易》；如果端庄恭敬而不陷入烦琐，那就是真正学好了《礼》；如果善于辞令和排比事例而不作乱犯上，那就是真正学好了《春秋》。

天子者，与天地参[1]，故德配天地，兼利万物，与日月并明，明照四海，而不遗微小。其在朝廷则道仁圣礼义之序[2]，燕处则听《雅》《颂》之音[3]，行步则有环佩[4]之声，升车则有鸾和[5]之音。居处有礼，进退有度[6]，百官得其宜，万事得其序。《诗》云："淑人君子，其仪不忒。其仪不忒，正是四国[7]。"此之谓也。发号出令而民说[8]，谓之和；上下相亲，谓之仁；民不求其所欲而得之，谓之信[9]；除去天地之害，谓之义[10]。义与信，和与仁，霸王[11]之器也。有治民之意而无其器，则不成。

① 与天地参：同天地并列而为三。参，通"三"。

② 道：说，讲。序：通"绪"，指事业。

③ 燕处：悠闲地居住。《雅》《颂》之音：指《诗经》中的两类乐曲。雅乐是朝廷的乐曲，颂是宗庙祭祀的乐曲。

④ 环佩：佩戴的玉环和玉饰。

⑤ 鸾和："鸾"与"和"是两种车铃。鸾是放在车衡的铃铛，和是放在车轼的铃铛。

⑥ 度：法度，规矩。

⑦ 淑人君子，其仪不忒。其仪不忒，正是四国：我们的国君是个善人君子，他的言行从不走样。因为他的言行从不走样，所以是四方各国的好榜样。

⑧ 说：通"悦"，愿意。

⑨ 民不求其所欲而得之，谓之信：百姓想要的东西不用开口就能得到，这叫作信。

⑩ 义：适宜。

⑪ 霸王：指称霸称王。

译文

　　人们所说的天子，就是同天、地并列而为三的人。所以天子的德行足以和天地相匹配，天子的恩惠遍及世上万物，天子的明亮就好比太阳和月亮，普照天下而不遗漏任何细小的角落。在朝廷上，他讲说的都是仁、圣、礼、义的事；悠闲地休息时，听的都是《雅》《颂》这样中正和平的音乐；走路的时候，伴随的都是身上的佩玉发出的有节奏的声响；登车的时候，车上的鸾铃、和铃发出悦耳的声音。日常生活中都是按礼行事；走路与登车，都按一定的规矩来；百官各得其所，万事井井有条。《诗经》上说："我们的国君是个善人君子，他的言行规矩。因为他的言行规矩，所以是四方各国的好榜样。"说的就是这种情况。天子发号施令而百姓心悦诚服,这叫作和;天子和百姓相亲相爱,这叫作仁;百姓不用开口就能得到想要的东西,这叫作信;为百姓消除天灾人祸,这叫作义。义与信,和与仁,是称霸称王的工具。有治理百姓的愿望,而无称霸称王的工具,是不会成功的。

礼之于正国①也,犹衡②之于轻重也,绳墨③之于曲直也,规矩④之于方圆也。故衡诚县⑤,不可欺以轻重;绳墨诚陈,不可欺以曲直;规矩诚设,不可欺以方圆;君子审礼,不可诬以奸诈。是故隆礼由礼⑥,谓之有方⑦之士;不隆礼,不由礼,谓之无方之民。敬让之道也⑧。故以奉宗庙则敬,以入朝廷则贵贱有位,以处室家则父子亲、兄弟和,以处乡里则长幼有序。孔子曰:"安上治民,莫善于礼⑨。"此之谓也。

 注释

① 正国:指治国。

② 衡:秤,即称量轻重的工具。

③ 绳墨:木工用来画线的工具。

④ 规矩:规和矩,是匠人用来校正圆形和方形的两种工具。

⑤ 衡诚县:如果把秤认真地使用起来。诚,真正地、认真地。县,通"悬"。

⑥ 隆礼:指尊重礼,重视礼。由礼:指实行礼的要求。

⑦有方：有道。

⑧敬让之道也：尊敬和谦让的道理。这句话是为其后的四句话而发。

⑨安上治民，莫善于礼：能够安抚诸侯、治理百姓的，最好的莫过于礼了。

 译文

把礼用于治国之道，就像用秤来称轻重，用绳墨来画曲线、直线，用规和矩来画方形、圆形。所以，如果认真地使用秤，就欺骗不了别人是轻，还是重；如果认真地把绳墨陈设在那里，就欺骗不了别人是曲线，还是直线；认真地把规和矩陈设在那里，就欺骗不了别人是方形，还是圆形；如果君子精通于礼，那么任何奸诈伎俩也欺骗不了他。因此，尊重礼、实行礼的人，叫作有道的"士"；不尊重礼、不实行礼的人，叫作无道的"民"。礼的运用以尊敬、谦让为贵。把礼运用到奉侍宗庙上，就会让人们恭敬；把礼运用到朝廷之上，那么君臣就会贵贱有别；把礼运用到家庭之内，就会父子相亲，兄弟和睦；把礼运用到乡里之中，就会形成长幼有序、尊老爱幼的风气。孔子说："能够安抚诸侯、治理百姓的，最好的莫过于礼了。"说的就是这个意思。

故朝觐之礼①，所以明君臣之义也；聘问之礼②，所以使诸侯相尊敬也；丧祭之礼③，所以明臣子之恩也；乡饮酒之礼④，所以明长幼之序也；昏姻⑤之礼，所以明男女之别也。夫礼禁乱之所由生，犹坊止水之所自来⑥也。故以旧坊为无所用而坏之者，必有水败⑦；以旧礼为无所用而去之者，必有乱患。故昏姻之礼废，则夫妇之道苦⑧，而淫辟⑨之罪多矣；乡饮酒之礼废，则长幼之序失，而争斗之狱⑩繁矣；丧祭之礼废，则臣子之恩薄，而倍死、忘生⑪者众矣；聘觐之礼⑫废，则君臣之位失，诸侯之行恶，而倍畔侵陵之败起矣。

注释

① 朝觐之礼：诸侯朝见天子的礼。

② 聘问之礼：诸侯之间互派使臣访问之礼。

③ 丧祭之礼：为父母或者君主守孝三年、按时祭祀的礼。

④ 乡饮酒之礼：指周代诸侯的乡大夫三年大比选拔出来的贤者、能者，与之饮酒，叫作乡饮酒礼。乡饮酒礼除了贡献贤能外，还要教民尊老，有正齿位之礼。

⑤ 昏姻：指嫁娶。

⑥ 坊：堤防。止水之所自来：防止水的泛滥。

⑦ 水败：水灾，水患。

⑧ 苦：此处指夫妻不和。

⑨ 淫辟：也写作"淫僻"，意思是伤风败俗。

⑩ 狱：指诉讼、官司。

⑪ 倍死、忘生：背叛死者，忘记祖先。倍：通"背"。

⑫ 聘觐之礼：指上文"朝觐之礼"。

译文

所以说制定了诸侯朝见天子的礼，是为了表明君臣之间的名分；制定了诸侯之间互派使臣访问的礼，是为了让诸侯互相尊敬；制定了为父母或者君主守孝三年、按时祭祀的礼，是为了表明臣子不应忘记君亲的恩情；制定了乡饮酒的礼，是为了表明尊老尊长的道理；制定了男婚女嫁的礼，是为了表明男女的分别。礼，可以用来消除祸乱发生的根源，就像堤防能够防止河水的泛滥那样。所以，如果觉得原先的堤防没有用处，而对提防加以破坏，必定会发生水灾；认为古时候的礼没有用处，而把古礼废弃不用的，必定会发生动乱和灾难。因此说，如果废弃男婚女嫁的礼，夫妇之间的关系就不会和谐，而伤风败俗、淫乱之事就多了；废弃乡饮酒的礼，就会导致人们不分老幼，而互相争斗的诉讼就多了；废弃为父母或者君主守孝三年、按时祭祀的礼，就会导致做臣子的忘掉君亲的恩情，而背叛死者、忘记祖先的人就多了；废弃诸侯朝见天子的礼和诸侯之间互派使臣访问之礼，就会导致君臣之间的地位、名分丧失，诸侯的行为恶劣，而背叛君主、互相侵占的祸乱就会产生了。

故礼之教化也微①，其止邪也于未形②，使人日徙善远罪③而不自知也，是以先王隆之也。《易》曰："君子慎始，差若豪厘，缪以千里④。"此之谓也。

注释

①礼之教化也微：礼的教化作用是从看不见的地方开始的。

②止邪：消灭邪恶。未形：萌芽状态。

③日：每日。徙善远罪：亲近善良，远离罪恶。

④君子慎始，差若豪厘，缪以千里：君子对于事情的开始非常谨慎重视。开始的时候尽管只是一点差错，结果也会导致极大的祸害。豪厘，即毫厘。豪，通"毫"。缪，通"谬"，谬误。

译文

所以，礼的教化作用从事物的微小阶段就开始了，礼消除邪恶是在邪恶尚未形成的时候就开始了，礼使人每天在不知不觉中弃恶扬善，所以先王非常尊崇礼。《易经》上说："君子对于事情的开始非常谨慎重视，开始的时候如果有丝毫的差错，结果就会导致极大的祸害。"说的就是这个道理。

坊记

子①言之：“君子之道②，辟则坊与③？坊民之所不足④者也。大为之坊⑤，民犹逾之。故君子礼以坊德⑥，刑以坊淫⑦，命以坊欲⑧。”

 注释

①子：指孔子。

②道：指治民的方法。

③辟则：比如，譬如。辟，通“譬”。坊：堤防，当作动词时，是“防止”的意思。与：通“欤”，句末语气词，表示疑问或感叹。

④不足：出现过失，此处指的是在仁义之道上面做得有欠缺。

⑤大为之坊：周密地为之设防，为民设置高大的堤防。这是个比喻，实际是千方百计地去防止。

⑥德：指失德，即道德上的过失。

⑦淫：邪恶，淫邪。

⑨命：教令。欲：贪欲。

 译文

孔子说：“君子治理百姓的方法，就好比是防止河水漫溢的堤防吧！这是为了防止百姓在仁义道德上面做得有欠缺。虽然为百姓设置了高大的堤防，百姓中还是有人逾越了它。因此，君子用礼来防止百姓道德上的过失，用刑罚来防止邪恶的行为，用教令来防止贪婪的欲望。”

子云："小人贫斯约①，富斯骄；约斯盗，骄斯乱。礼者，因人之情②而为之节文，以为民坊者也。故圣人之制富贵也③，使民富不足以骄，贫不至于约，贵不慊④于上，故乱益亡⑤。"

① 斯：则，即，于是。约：此处指穷，即心态困窘。
② 人之情：人的实际情况。
③ 故圣人之制富贵也：意思是所以圣人制定出富贵贫贱的法规。
④ 慊（qiǎn）：不满足，怨恨。
⑤ 故乱益亡：所以犯上作乱的事就日趋减少。益，更加。亡，通"无"。

孔子说："小人贫穷就会导致心态困窘，富有了就会导致作风骄横；心态困窘了就会去偷盗，骄横了就会去做违法乱纪的事。礼，就是因为人的这种实际情况而制定的节制标准，以作为防止百姓乱来的堤防。所以，圣人制定出了一套富贵贫贱的法规，使百姓富有也不至于骄横，贫穷也不至于潦倒，尊贵者不会怨恨比上不足，所以犯上作乱的事就逐渐没有了。"

子云："贫而好乐①，富而好礼，众而以宁者②，天下其几矣③！《诗》云：'民之贪乱，宁为荼毒④。'故制⑤：国不过千乘⑥，都城不过百雉⑦，家⑧富不过百乘。以此坊民，诸侯犹有畔者⑨。"

① 贫而好乐：贫穷而能乐天知命。
② 众而以宁者：家族人多势众而又能安守本分的人。

③天下其几矣：普天之下，做到以上三点者可以说是寥寥无几。郑玄注："言如此者寡也。"

④民之贪乱，宁为荼毒：有百姓贪图作乱，心安理得地去残害他人。

⑤故制：所以做出的规定。

⑥国不过千乘（shèng）：诸侯的兵车不能超过一千辆。国，指诸侯中的公国和侯国。乘，指古代四马拉的兵车一辆。

⑦都城：指较大城市的城墙。雉：古代计算城墙面积的单位。一雉高一丈、长三丈。

⑧家：指卿大夫的采邑。

⑨诸侯犹有畔者：诸侯还有叛乱的。畔，通"叛"。

译文

孔子说："贫穷而能乐天知命，富有而能谨守礼仪，家族人数众多而能安守本分，天下间能做到以上三点的人没有几个。《诗经》上就说：'百姓贪婪作乱，心安理得地去祸害他人。'为了防止民之贪乱所以做出限制：诸侯的兵车不能超出一千辆，国都

的城墙不能超过百雉，卿大夫采邑的兵车不能多于一百辆。用这种办法来防范百姓，诸侯还有叛乱的。"

子云："夫礼者，所以章疑别微①，以为民坊者也。故贵贱有等，衣服有别，朝廷有位②，则民有所让。"

注释

① 章疑别微：用来彰明疑惑，辨别隐微。

② 朝廷有位：在朝廷上大臣们所站的固定的班位。

译文

孔子说："所谓礼，就是用来彰明其似同而异的疑惑，区别其似明而隐的隐微，用来防范百姓作乱越轨的。所以人的等级有贵贱之分，衣服的色彩、图案有差别，朝廷上大臣们有固定的班位，那么百姓就懂得要谦让了。"

子云："天无二日，土无二王，家无二主，尊无二上，示民有君臣之别也。《春秋》不称楚越之王丧①。礼：君不称天②，大夫不称君③，恐民之惑也。《诗》云：'相彼盍旦，尚犹患之④。'"

注释

①《春秋》不称楚越之王丧：楚、越之君僭号称王，其国君死，《春秋》贬之，不书其葬。按照《春秋》常规，当书"葬楚庄王"，但是那样书写，等于承认其王号，故改换字眼，书"卒"以避之。

② 君不称天：诸侯不能够像天子那样自称天。

③ 大夫不称君：大夫不能够像诸侯那样自称君。

④ 相彼盍旦，尚犹患之：这是两句逸诗，大意为你看那盍旦鸟儿的鸣叫，人们尚且讨厌它！相，看、视。盍旦，郑玄注："夜鸣求旦之鸟也"。在此指僭越犯上的人。患，厌恶。

译文

孔子说："天上没有两个太阳，一个国家没有两个君主，一个家中没有两个家长，拥有最高权威的人只有一个，这是要向百姓表示国君和大臣有等级之别。楚国和越国的国君僭号称王，等到他们死后，《春秋》记载也并不写是王葬，而用"卒"代替。按照礼的要求：诸侯不能够像天子那样自称天，大夫不能够像诸侯那样自称君，这就是担心百姓对尊卑等级产生迷惑。《诗经》上说：'你看那盍旦鸟儿，人们尚且厌恶它！'更何况对那些僭越犯上的人呢！"

子云："君不与同姓同车①，与异姓同车不同服②，示民不嫌也。以此坊民，民犹得同姓以弑其君。"

①君不与同姓同车：国君不与同姓的人同乘一辆车。

②与异姓同车不同服：与异姓的人可以同乘一辆车，但不可穿相同的服装。国君的车上一共三人：国君、驭者、骖乘。除战时外，驭者和骖乘都和国君异服。

孔子说："国君不与同姓的人坐同一辆车，和异姓的人可以坐同一辆车，但不能穿一样的衣服，这是向百姓表示要避嫌。用这种方法来防范百姓，百姓中还有同姓而杀害国君的。"

子云："君子辞贵不辞贱，辞富不辞贫，则乱益亡①。故君子与其使食浮于人②也，宁使人浮于食③。"

 注释

① 亡：通"无"，消失，没有。
② 食浮于人：得到的俸禄高出自己的才干。
③ 人浮于食：自己的才干高出得到的俸禄。

 译文

孔子说："君子推辞高贵却不推辞卑贱，推辞富有却不推辞贫穷，（如果百姓们都这样做，）那么作乱的事情就会日趋消失。因此，君子与其使得到的俸禄超过自己的才能，倒不如让自己的才能超过得到的俸禄。"

子云："觯酒豆肉①，让而受恶②，民犹犯齿③。衽席④之上，让而坐下⑤，民犹犯贵⑥。朝廷之位⑦，让而就贱，民犹犯君。《诗》云：'民之无良，相怨一方。受爵不让，至于己斯亡⑧。'"

 注释

① 觯酒豆肉：一杯酒、一盘肉。觯，酒器。豆，装食物的器皿，类似高脚盘。
② 让而受恶（è）：谦让之后选择了粗陋的一份。
③ 犯齿：僭越年长的人。犯，僭越。齿，指年龄。
④ 衽（rèn）席：宴席。
⑤ 坐下：坐在下首。
⑥ 贵：爵位较高者，指尊者。
⑦ 朝廷之位：指朝廷中大臣们所站的位置。

⑧民之无良，相怨一方。受爵不让，至于己斯亡：如今人们心不良，遇事只知怨对方。接受官爵不谦让，事关自己就将道理忘。

 译文

孔子说："一杯酒，一盘肉，君子互相谦让以后，才选择了那粗陋的一份，就这样还有人不尊敬年长的人。筵席之上，君子互相谦让以后，才坐在下首的位置，就这样还有人僭越尊贵者。朝廷上大臣们所站的班位，君子互相谦让以后，才站在贱位，就这样还有人僭越君上。《诗经》上说：'百姓们人心不古，只会怨恨对方。接受官爵不谦让，利益关系到自己就把这些道理忘记了。'"

子云："君子贵人而贱己，先人而后己，则民作让。故称人之君曰'君'，自称其君曰'寡君①'。"

 注释

① 寡君：国君的谦称。

 译文

孔子说："君子尊重别人而贬抑自己，凡事先想着别人而后才想到自己，百姓就会兴起谦让之风。所以称呼其他国家的君王叫'君'，称呼自己的国君叫'寡君'。"

子云："利禄①先死者而后生者②，则民不偝③；先亡者而后存者，则民可以托④。《诗》云：'先君之思，以畜寡人⑤。'以此坊民，民犹偝死而号无告。"

注释

① 利禄：利益和赏赐。

② 先死者而后生者：先给死去的人而后给活着的人。

③ 偝（bèi）：背叛，背弃。

④ 托：指信赖。

⑤ 先君之思，以畜寡人：你应该思念死去的先君，赡养我这未亡人。畜，今通"勖"，孝。寡人，这里是定姜自称。这是卫夫人定姜的诗。定姜无子，立庶子衎，是为献公。献公对定姜不孝，定姜作诗，言献公当思先君定公，要孝敬她这个未亡人。

译文

孔子说："利益和赏赐，应该先给死去的人，后给活着的人，那么百姓就不会背弃、忘记死去的人；先给在国外奔走的人，后给留在国内的人，那么百姓就感到国君值得信赖。《诗经》说：'你应该思念先君，来赡养我。'用这种方法来防范百姓，百姓还有背弃死者，而死者的家属无处求告的。"

子云："有国家者，贵人而贱禄，则民兴让①；尚技而贱车②，则民兴艺③。故君子约言，小人先言④。"

注释

① 有国家者，贵人而贱禄，则民兴让：诸侯大夫，如果重视人才而不吝惜颁赏爵禄，百姓就会兴起谦让的风气。兴让，指乐于谦让。

②尚：与上文"贵"形成对文。技：技术，手艺。车：指车服。

③则民兴艺：那么百姓就会乐意学习技艺。

④故君子约言，小人先言：君子说话少，思而后言，故言在后。小人说话多，不思而言，故言在先。此处"约言"和"先言"互文。正常句式为"故君子约言后言，小人先言多言"。

 译文

孔子说："掌管国与家的诸侯大夫，如果重视人才而不吝惜颁赏爵禄，百姓就会兴起谦让的风气；如果重视技术和手艺而不吝惜赐以车服，百姓就会乐意学习技艺。所以君子说得少而做得多，而小人则说话多而做事少。"

子云："上酌民言，则下天上施①；上不酌民言，则犯②也；下不天上施，则乱也。故君子信让以莅③百姓，则民之报礼重④。《诗》云：'先民有言，询于刍荛⑤。'"

 注释

①上酌民言，则下天上施：在上位的人如果能够听取百姓的意见，那么百姓就把上边的政令看作是上天的施惠。

②犯：侵犯，犯上。

③信让以：实际为"以信让"，用诚信谦让来……。莅：临，加之于。

④报礼重：用重礼相报。

⑤先民有言，询于刍荛：

前辈有这样的教导，就是对于割草打柴的人也要不耻下问。刍荛，指割草打柴的人。

译文

孔子说："如果君上能够听取百姓的意见，那么百姓就把君上的政令看作是上天的施惠；如果君上不能听取百姓的意见，就会引发百姓欺上、犯上；百姓不把君上的政令看作是上天的施惠，就会发生百姓作乱的事情。所以，君子用诚信和谦让来对待百姓，百姓就会用重礼相报。《诗经》上说：'古人曾经说过，就是对于割草打柴的人也要不耻下问。'"

子云："善则称人，过则称己，则民不争。善则称人，过则称己，则怨益亡。《诗》云：'尔卜尔筮，履无咎言①。'"

注释

① 尔卜尔筮，履无咎言：你曾占卜，你曾算卦，卦象上并没有什么坏话。履无咎言，今《诗经》写作"体无咎言"。孙希旦解释说："体，谓卦兆之体也。言尔之卜筮，本无咎言，而致咎者在己，以明'过则称己'之意。"

译文

孔子说："如果做出了功绩就把功劳归于他人，犯了错误则把错误归咎于自己，那么百姓就不会争夺功劳；如果做出了功绩就把功劳归于他人，犯了错误则把错误归咎于自己，那么百姓间的怨恨就会日趋减少。《诗经》上说：'你曾占卜，你曾算卦，卦象上并没有什么坏话。'"

子云："善则称人，过则称己，则民让善。《诗》云：'考卜惟王，度是镐京。惟龟正之，武王成之①。'"

注释

①考卜惟王，度是镐京。惟龟正之，武王成之：武王占卜问神灵，可否建都在镐京。龟兆显示大大吉，武王终于建成之。镐（hào）京，古都名，西周国都。

译文

孔子说："如果做出功绩就归功于他人，犯了错误则归咎于自己，那么百姓就会互相谦让功劳。《诗经》上说：'武王占卜问神灵，可否在镐京建都。龟兆显示大大吉，武王终于建成它了。'"

子云："善则称君，过则称己，则民作忠①。《君陈》曰：'尔有嘉谋嘉猷，入告尔君于内，女乃顺之于外。'曰：'此谋此猷，惟我君之德。'於乎！是惟良显哉！'"

注释

①作忠：兴起忠君之风。

译文

孔子说："如果做出了功绩就把功归于君王，如果犯了错误就归咎于自己，这样百姓之间就会兴起忠君之风。《尚书·君陈》中说：'你有良策或者好办法，先进去启奏于君王。得到允许以后，

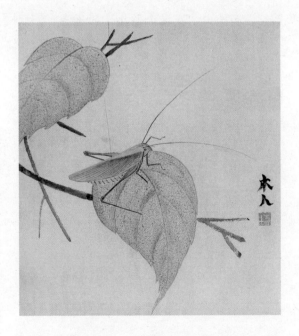

你再到外边去实行，并且宣布说：这个好办法，全靠我们君王的贤德。呜呼！只有善良的君王才会如此伟大啊！'"

子云："善则称亲①，过则称己，则民作孝②。《大誓》曰：'予克纣，非予武，惟朕文考无罪。纣克予，非朕文考有罪，惟予小子无良③。'"

① 亲：此处指父母。

② 作孝：兴起孝顺之风。

③ "予克纣"至"惟予小子无良"：如果我打败了殷纣，那也不是由于我的功德，而是由于我的父亲有德。如果殷纣打败了我，那也不是由于我的父亲无德，而是由于我这个做儿子的不肖。《大誓》，即《尚书·周书·泰誓》。古"大""太"同字。予，周武王自称。文考，谓武王之父文王。无罪，指有德。

孔子说："如果做出了功绩就把功劳归于父母的教导，犯了错误则归咎于自己，这样百姓就会兴起孝顺之风。《大誓》说：'如果我打败了殷纣，那也并非是我的功德，而是因为我的父亲有德；如果我被殷纣打败了，那也并非是我的父亲无德，而是我这个做儿子的不肖。'"

子云："君子弛其亲之过，而敬其美①。《论语》曰：'三年无改于父之道，可谓孝矣②。'高宗云：'三年其惟不言，言乃讙。'③"

注释

① 君子弛其亲之过,而敬其美:君子不把父母的过错记恨在心,但要将父母的美德谨记在心。弛,忘记。

② 三年无改于父之道,可谓孝矣:父亲去世三年之内,也不令父亲的主张有所缺失,这才是孝道。

③ "高宗云"句:高宗守丧三年,一句话都不讲;可是等到守丧期满一开口讲话,就非常受人拥护。高宗:殷高宗武丁,史称殷代的中兴之君。今《尚书》无《高宗》之篇。此二句分别见于《尚书》的《说命》和《无逸》。謹,通"歡",即"欢"。

 译文

孔子说:"君子对于父母的过错从来不记恨在心,但要将父母的美德谨记在心。《论语》上说:'父亲去世三年之内,也不令父亲的主张有所缺失,这才是孝道。'《尚书》上说:'高宗守丧三年,从不开口说一句话,可是等到守丧期满一开口讲话,就非常受人拥护。'"

子云:"从命不忿①,微谏不倦②,劳而不怨③,可谓孝矣。《诗》云:'孝子不匮④。'"

 注释

① 从命不忿:听从父母的命令毫不懈怠。

② 微谏不倦:含蓄地规劝父母而不知疲倦。

③ 劳而不怨:为父母担忧而毫无怨言。

④ 孝子不匮:孝子行其孝道,没有匮乏的时候。

译文

孔子说："听从父母的命令而毫不懈怠，用隐约委婉的话语规劝父母而不知疲倦，为父母操劳担忧而没有任何怨言，这样可以称得上孝顺了。《诗经》上说：'孝子对父母的孝心无穷无尽，没有匮乏的时候。'"

子云："睦于父母之党①，可谓孝矣。故君子因睦以合族②。《诗》云：'此令兄弟，绰绰有裕；不令兄弟，交相为瘉③。'"

注释

①睦：和睦，亲厚。父母之党：父母的亲属。

②合族：聚合族人。

③此令兄弟，绰绰有裕；不令兄弟，交相为瘉：兄弟关系良好，彼此融洽无间；兄弟关系恶劣，彼此互相指责。令，友善。瘉，病、危害。

译文

孔子说:"和父母的亲人也能和睦、亲厚地相处,可以称作孝。所以君子聚合族人举行宴饮,使他们更加和睦、团结。《诗经》上说:'兄弟关系良好,彼此融洽无间;兄弟关系不好,大家互相伤害。'"

子云:"于父之执①,可以乘其车,不可以衣②其衣。君子以广孝③也。"

注释

①父之执:指父亲的朋友。
②衣:穿衣服。
③广孝:这里指推广孝道到父亲的朋友。

译文

孔子说:"对于父亲的朋友,可以乘坐他的车子,但不可以穿他的衣服。君子就是以此来把对父亲的孝道扩展到父亲的朋友的。"

子云："小人皆能养其亲，君子不敬，何以辨①？"

注释

① 养其亲：指使父母吃饱穿暖。敬：指使父母感到愉悦、快乐。何以辨：拿什么来与小人区别开呢？

译文

孔子说："连小人都能够养活他的父母，让父母吃饱穿暖，作为君子，如果也是只能养活而不能使父母愉悦，那么拿什么来与小人区别开呢？"

子云："父子不同位①，以厚敬②也。《书》云：'厥辟不辟，忝厥祖③。'"

注释

① 不同位：不在尊卑相同的位置上。
② 以厚敬：意思是借此强调对父亲的敬重。厚，重视。
③ 厥辟不辟，忝厥祖：做国君的不像个做国君的样子，那就是辱没他的先祖。辟，国君、君主。忝，辱没、侮辱。本句出自《尚书·商书·太甲》，原文无"厥"字。

译文

孔子说："父亲和儿子不可处在同样尊卑的位置上，借此来强调儿子对父亲的敬重。《尚书》上说：'做国君的如果没有做国君的样子，那就是辱没他的先祖。'"

子云："父母在，不称老，言孝不言慈。闺门之内^①，戏而不叹^②。君子以此坊民，民犹有薄于孝而厚于慈。"

注释

① 闺门之内：在家门之内。闺门，内室之门。此处意思是在父母面前。
② 戏而不叹：引逗父母高兴，而不是唉声叹气。

译文

孔子说："父母健在，做儿子的不可以自称年老。只谈对父母如何孝顺，不谈父母如何慈爱子女。家门之内，在父母面前，只能逗引父母高兴，不可在父母面前唉声叹气。君子用这些礼节来防范百姓，百姓还是讲究孝道的少，企求父母慈爱的多。"

子云："长民者^①，朝廷敬老，则民作孝^②。"

注释

① 长民者：指天子和诸侯，即指统治者。
② 作孝：兴起孝顺之风。

译文

孔子说："作为民众的统治者，如果能让朝廷倡导敬老、孝顺，那么百姓就会兴起孝顺之风。"

子云："祭祀之有尸^①也，宗庙之主^②也，示民有事^③也。修宗庙，敬祀事，教民追孝^④也。以此坊民，民犹忘其亲。"

注释

①尸：古代祭祀时代替死者受祭的活人。

②主：死者的神位。

③有事：指有供奉的对象。

④追孝：追行孝道于前人。指敬重宗庙、祭祀等，以尽孝道。

 译文

孔子说："祭祀的时候有代死者受祭的活人，宗庙中设立死者的神位，这是向人们表示应该尊奉的对象。修建宗庙，对祭祀的事情恭恭敬敬，教育百姓追行孝道，不要忘掉死去的亲人。用这种方法来教育百姓，百姓仍旧有忘掉亲人的。"

子云："敬则用祭器①。故君子不以菲废礼，不以美没礼②。故食礼③，主人亲馈④则客祭⑤，主人不亲馈则客不祭。故君子苟无礼，虽美不食焉。《易》曰：'东邻杀牛，不如西邻之禴祭，实受其福⑥。'《诗》云：'既醉以酒，既饱以德⑦。'以此示民，民犹争利而忘义。"

 注释

①敬：尊敬，表示敬意。祭器：祭祀时使用的礼器。

②故君子不以菲废礼，不以美没礼：所以君子不因为家里贫穷而废除礼，不因为家境富裕而超越礼。没，超越。

③食礼：规格较高的一种宴席，以食为主，有牲无酒。

④亲馈：亲自为客人布菜。

⑤祭：指进行食祭。

⑥ 东邻杀牛，不如西邻之禴祭，寔受其福：殷纣国中的杀牛之祭，还不如文王国中的杀猪之祭，能够真正地得到神的保佑。禴（yuè），祭名，指夏祭或春祭。寔，通"实"。

⑦ 既醉以酒，既饱以德：意思是已经使人醉的是酒，已经使人饱的是美德。

译文

孔子说："为了表示对客人的敬意，就使用祭器来招待客人。所以君子不因家境贫寒而废除礼，也不因家境富裕而超越礼。所以像食礼这样规格较高的宴席，主人亲自给客人布菜，客人就行食祭之礼；主人不亲自给客人布菜，客人就不行食祭之礼。因此，君子如果对待不符合礼的人的食物，就算是珍馐美味也不会去食用。《易经》上说：'殷纣国中的杀牛之祭，还不如文王国中的杀猪之祭，能切实得到神的保佑。'《诗经》上说：'已经使人醉的是酒，已经使人饱的是美德。'用这种方法来教育百姓，百姓仍旧有争夺利益而忘记道义的。"

子云："七日戒，三日齐①，承②一人焉以为尸，过之者趋走③，以教敬也。醴酒在室，醍酒在堂，澄酒在下，示民不淫也④。尸饮三，众宾饮一，示民有上下也⑤。因其酒肉，聚其宗族，以教民睦也⑥。故堂上观乎室，堂下观乎上⑦。《诗》云：'礼仪卒度⑧，笑语卒获⑨。'"

注释

① 七日戒，三日齐（zhāi）：古代举行大的祭祀，要斋戒十日。其中前七日叫作戒，也叫散斋。后三日叫作斋，也叫致斋。齐，通"斋"。

② 承：奉事。

③ 过之者：从尸的旁边经过的人。趋走：小步快走，表示尊敬，是一种礼节。

④醴酒在室，醍酒在堂，澄酒在下，示民不淫也：醴酒放在室内，醍酒放在堂上，澄酒放在堂下，味薄的放在上面，味厚的放在下面，这是教育人们不要贪味。醴酒、醍（tí）酒、澄酒，是三种未经过滤的浊酒，以味道厚薄而论，醴酒最薄，醍酒稍厚，澄酒最厚。淫，此处是"贪"的意思。

⑤尸饮三，众宾饮一，示民有上下也：向尸敬酒三次，向众宾敬酒只一次，这是要示民有尊卑，即尸尊，众宾卑。

⑥因其酒肉，聚其宗族，以教民睦也：借着祭祀剩下的酒肉，聚集合族的人会餐，这是教育人们要和睦相处。

⑦故堂上观乎室，堂下观乎上：所以堂上的人以室内的人为楷模，堂下的人又以堂上的人为楷模。

⑧卒度：非常符合法度。

⑨笑语卒获：谈笑说话也非常符合分寸。获，得。

译文

孔子说："国君在举行大的祭祀之前，要进行斋戒，头七天叫作散斋，后三天叫作致斋；奉事一人代替死者接受祭祀，大夫、士遇到他都要小步快走，向他表示尊敬。这是教导百姓要对神恭敬。醴酒放在室内，醍酒放在堂上，澄酒放在堂下，这是向百姓表示不可以贪味。向尸敬酒三次，向众宾敬酒只一次，这是想向百姓表示要知道上下尊卑。借

着祭祀剩下的酒肉，把族人都聚集起来举行宴饮，这是向百姓表示要和睦相处。所以堂上的人把室内的人当作楷模，堂下的人又把堂上的人当作楷模。《诗经》说：'礼仪都符合法度，谈笑说话也很有分寸。'"

子云："礼之先币帛也①，欲民之先事而后禄也。先财而后礼则民利②，无辞而行情③则民争。故君子于有馈者④，弗能见则不视其馈⑤。《易》曰：'不耕获，不菑畲，凶⑥。'以此坊民，民犹贵禄而贱行⑦。"

 注释

①礼之先币帛也：相见之礼，是见面以后要送上币帛这样的礼品。币帛，作为礼品的帛。

②先财而后礼则民利：先奉上币帛这样的礼品而后行相见之礼，就会导致百姓产生贪心。利，贪心。

③辞：推辞。行情：直率地按自己的心情做事。

④有馈者：赠送礼品的人。

⑤弗能见：如果不能相见。不视其馈：不接受他的馈赠。视，接受。

⑥不耕获，不菑畲，凶：不耕种而想收获，不开垦而想得到良田，是不吉利的。菑（zī），刚种一年的田地。畲（yú），开垦过两年的田地，熟田。

⑦行：指做事。

 **译文**

孔子说："先行相见的礼节，然后送上币帛这样的礼品。这是为了让百姓懂得先做事情然后才可要求利禄。先送上币帛这样的礼品，再行相见之礼，就会引发百姓的贪财之心。不加辞让，直接收取见面礼，就会导致百姓相争。所以，君子对于来送礼物的人，如果不能接见，就不接受对方的礼物。《易经》上说：'不耕种而想收获，不开垦而想得到良田，是不吉利的。'用这种方法来防范百姓，百姓仍旧有看重利禄而轻视做事的。"

子云："君子不尽利，以遗民①。《诗》云：'彼有遗秉，此有不敛穧，伊寡妇之利②。'故君子仕则不稼，田则不渔③，食时不力珍④。大夫不坐羊，士不坐犬⑤。《诗》云：'采葑采菲，无以下体。德音莫违，及尔同死⑥。'以此坊民，民犹忘义而争利，以亡其身。"

注释

①遗（wèi）民：留给百姓。

②彼有遗秉，此有不敛穧，伊寡妇之利：那里有遗留下来的禾把，这里有撒在地上的禾穗，这是让寡妇捡拾度日的。伊，是、此。

③田：指田猎。渔：指打鱼。

④食时：吃这个季节的当令食物。不力珍：不追求珍馐美味。

⑤大夫不坐羊，士不坐犬：大夫不可以无故杀羊，士不可以无故杀犬。之所以用"坐"字，据郑玄注："古者杀牲，食其肉，坐其皮。不坐犬羊，是无故不杀之。"

⑥葑：蔓菁。菲：萝卜。下体：指葑与菲的根部。

 译文

孔子说："君子不把利益全部用尽，要留给百姓一部分。《诗经》上说：'那里有遗留下来的禾把，这里有还未收起的禾穗，这是让寡妇们捡拾度日的。'所以君子入仕为官就不种地，田猎就不打鱼，一年四季只吃当季当令的食物，而不追求珍馐美味。大夫无故不可以杀羊，士无故不可以杀狗。《诗经》上说：'采摘蔓菁和萝卜，不要连根都摘走。莫忘昔日的美好誓言，和你生死不分离。'用这样的道理来防范百姓，百姓还有不顾道义而争夺利益，并且因此而丧生的。"

子云："昏礼，婿亲迎，见于舅姑①，舅姑承子②以授婿，恐事之违也③。以此坊民，妇犹有不至④者。"

注释

①舅姑：原本意思是公公婆婆。这里指岳父岳母。

②承子：意思是亲手把女儿。子，指代女儿。

③恐事之违也：出嫁前，父母叮嘱女儿到婆家要孝顺、听话。指临行前父母对女儿的深切嘱咐。

④不至：指不孝顺、不听话。

 译文

孔子说："按照婚礼的规定，新婿要亲自到新娘家迎亲，拜见岳父岳母，岳父岳母亲手把女儿交给新婿，还担心女儿侍奉丈夫、公婆有做得不好的地方。用这样的礼来防范百姓，媳妇还有不孝顺、不听话的。"

中庸

天命①之谓性，率性之谓道②，修道之谓教③。道也者，不可须臾④离也，可离非道也。是故君子戒慎乎其所不睹⑤，恐惧乎其所不闻。莫见乎隐⑥，莫显乎微⑦。故君子慎其独⑧也。喜怒哀乐之未发，谓之中⑨；发而皆中节⑩，谓之和。中也者，天下之大本⑪也；和也者，天下之达道⑫也。致⑬中和，天地位⑭焉，万物育焉。

 注释

① 天命：上天赋予的禀赋，也可称为天赋。据郑玄说，上天把仁、义、礼、智、信五种德行赋予了生人。

② 率性之谓道：遵循上天赋予的禀赋而行动叫作道。率，循、顺应。

③ 修道之谓教：把道加以修治而推广之，使人仿效，就称作教。

④ 须臾：一会儿，片刻。

⑤ 乎：介词，等同"于"。其所不睹：为人所不见。

⑥ 见，通"现"，显现。隐：隐蔽，暗处。

⑦ 莫显乎微：没有什么比细微的东西更容易凸显出来。

⑧ 慎其独：独处时要十分小心谨慎。独，他人不知道，只有自己知道的情境。

⑨ 喜怒哀乐之未发，谓之中：人的喜、怒、哀、乐没有表现出来，叫作"中"。发，发作、表露。

⑩ 中（zhòng）节：符合规范，恰到好处。

⑪ 大本：根本。

⑫ 达道：普遍的规律。

⑬致：极，尽。

⑭位：郑玄注："犹正也。"使占据其应有的位置。

译文

上天赋予人的禀赋叫作天赋，遵循上天赋予的禀赋而行动叫作道，把道加以修治而推广开来，并使众人仿效，就称作教。道，是片刻也不能离开的；如果能够远离，那就不是道了。所以，君子即便在人们看不见的地方也谨慎小心行事，在人们听不见的地方也仍然战战兢兢。没有什么比隐秘的东西更容易显现出来，没有什么比细微的东西更容易凸显出来。所以，君子在一人独处的时候也十分小心谨慎。人的喜、怒、哀、乐还没有表现出来，叫作中；表现出来而又处处符合规范礼仪，叫作和。中，就是天下最大的根本；和，就是天下普遍的规律。人们做到"中"与"和"，天地就会各归其位，万物就会生生不息。

仲尼曰："君子中庸，小人反中庸①。君子之中庸也，君子而时中；小人之中庸也，小人而无忌惮也②。"

 注释

① 君子中庸，小人反中庸：君子行事不偏不倚，无过无不及，奉行中庸之道。小人则是行事偏激，有违中庸之道。中庸，指待人、处事不偏不倚，无过无不及。庸，平常。

② 君子之中庸也，君子而时中；小人之中庸也，小人而无忌惮也：君子之所以坚持中庸之道，是因为君子有德，行事合乎时宜，总是恰如其分；小人违背中庸之道，是因为小人有小人之心，行事肆无忌惮。时中，时时恰如其分。小人之中庸也，王肃本作"小人之反中庸也"。

 译文

孔子说："君子行事不偏不倚，无过无不及，奉行中庸之道。小人则是行事偏激，有违中庸之道。君子之所以符合中庸之道，是因为君子行事合乎时宜，总是恰如其分；小人之所以违背中庸，是因为小人行事无所忌惮、肆意妄为。"

子曰："中庸其至矣乎！民鲜①能久矣！"

 注释

① 鲜：少有，很少。

 译文

孔子说："中庸大概是最高的道德标准了！可是百姓很少能够长期坚持做到啊！"

子曰："道①之不行也，我知之矣：知者②过之，愚者不及也。道之不明也，我知之矣：贤者过之，不肖者不及也。人莫不饮食也，鲜能知味也③。"

注释

①道：指中庸之道。

②知者：有智慧的人。

③人莫不饮食也，鲜能知味也：没有人是不吃不喝的，却很少有人能品出滋味。这是一个浅近的比喻。人，指上文中的"智者"和"愚者"。莫不饮食，指没有不追求中庸。鲜能知味，指很少有人能够真正做到。

译文

孔子说："中庸之道没有实行下去的原因，我知道是什么了：有智慧的人做过了头，蠢笨的人却尚未达到。中庸之道没有光明显著的原因，我知道是什么了：贤德的人做过了头，不贤者却尚未达到。世上没有人是不吃不喝的，却很少有人能品尝出滋味。"

子曰："道①其不行②矣夫。"

注释

①道：指中庸之道。

②行：实施，实行。

168

译文

孔子说:"中庸之道大概是不能实行了吧!"

子曰:"舜其大知也与①! 舜好问而好察迩言②,隐恶而扬善,执其两端③,用其中④于民。其斯以为舜乎!"

 注释

①大知:指大智慧。也与:相当于现代汉语的"了吧",句末语气助词。
②好问:喜爱求教,也可以说不耻下问。迩言:浅近的话,常人之语。迩,近。
③两端:指"过"与"不及"。执其两端,实际上是指"舍其两端"。
④中:折中,指无过与无不及。

 译文

孔子说:"舜大概是拥有大智慧的人了吧! 他喜欢求教,而且善于分辨浅近的话。他善于隐去别人的过失,而宣扬人们的善行。他放弃"过"与"不及"两个极端,取中庸之道使愚智之民都能实行。这大概就是舜之所以成为舜的原因吧!"

子曰:"人皆曰'予知'①,驱而纳诸罟擭②陷阱之中,而莫之知辟③也。人皆曰'予知',择乎中庸而不能期月守也④。"

 注释

①人皆曰'予知':大家都说自己聪明。
②罟(gǔ):罗网。擭(huò):捕兽木笼。两者通常都设有机关。

③辟：通"避"，避开。

④择乎：选择。期（jī）月：满一个月。守：坚持。

 译文

孔子说："大家都说自己聪明，被利欲驱赶到罗网、捕兽笼、陷阱之中，却都不知道避开。大家都说自己聪明，选择了中庸之道，却连一个月也坚持不到。"

子曰："回①之为人也，择乎中庸，得一善，则拳拳服膺而弗失之矣②。"

 注释

①回：孔子的弟子颜回，字子渊。

②得一善：意思是得到合乎中庸之道的只言片语。拳拳：奉持之貌。服膺：牢记在心。膺，胸。

 译文

孔子说："颜回的为人，选择了中庸之道，得到符合中庸之道的只言片语就一定会按照要求做，牢牢记在心中，而永远不会丢失。"

子曰："天下国家可均^①也，爵禄可辞也，白刃可蹈也，中庸不可能也^②。"

① 均：治理。朱熹曰："平治也。"
② 中庸不可能也：意思是说，与以上三者相比，中庸是很难做到的。

孔子说："天下国家可以得到治理，俸禄爵位可以推辞不要，人可以踩在锋利的刀刃上，但中庸之道却是很难做到的。"

子路问强^①。子曰："南方之强与^②？北方之强与？抑而^③强与？宽柔以教，不报无道^④，南方之强也，君子居之。衽金革，死而不厌^⑤，北方之强也，而强者居之。故君子和而不流^⑥，强哉矫^⑦！中立而不倚^⑧，强哉矫！国有道，不变塞焉^⑨，强哉矫！国无道，至死不变^⑩，强哉矫！"

① 子路问强：子路向孔子请教什么是强。强，刚强。
② 与：后写作"欤"，句末语气助词，表疑问。
③ 抑：抑或，或者。而：尔，你，此处指子路。
④ 宽柔：宽厚柔和。报：报复。无道：横暴无礼。
⑤ 衽金革：枕戈席革，带着武器睡觉。衽，卧席。不厌：不悔。
⑥ 和而不流：性情和顺但又不随波逐流。
⑦ 强哉矫：才是真正的强！矫，刚强的样子。
⑧ 倚：不正，偏侧。
⑨ 不变塞焉：不改变穷困时候的操守。
⑩ 至死不变：至死也不改变志向。

译文

子路向孔子请教什么是刚强。孔子说："你是问南方的刚强呢，还是北方的刚强？还是你自己的刚强？用宽厚温和来教诲人们，尽管别人对自己无理，自己忍受而不报复回去，这便是南方的刚强，君子才能做到。顶盔贯甲，枕戈待旦，即便战死也不后悔，这便是北方的刚强，以果敢之力胜人的人才能做到。所以，君子和顺却不跟随大众随波逐流，这才是真正的刚强。奉行中庸之道，行事不偏不倚，这才是真正的刚强！国家政治清明的时候，也不改变穷困时的操守，这才是真正的刚强！国家政治黑暗的时候，至死也不改变志向，这才是真正的刚强！"

子曰："素隐行怪①，后世有述焉，吾弗为之矣。君子遵道而行，半途而废②，吾弗能已矣。君子依乎中庸，遁世不见知而不悔，唯圣者能

之^③。"君子之道费而隐^④。夫妇之愚，可以与知焉，及其至也^⑤，虽圣人亦有所不知焉；夫妇之不肖，可以能行焉，及其至也，虽圣人亦有所不能焉。天地之大也，人犹有所憾，故君子语大^⑥，天下莫能载焉；语小^⑦，天下莫能破^⑧焉。《诗》云："鸢飞戾天，鱼跃于渊^⑨。"言其上下察也^⑩。君子之道，造端乎^⑪夫妇，及其至也，察乎天地^⑫。

 注释

① 素隐行怪：探求隐僻之理，而行为过于诡异。素，当为"索"。

② 半途而废：做到一半而停止。

③ 君子依乎中庸，遁世不见知而不悔，唯圣者能之：君子依照中庸之道行事，隐遁于世，即使不被人知道也不后悔，这只有圣人才能做到。见，被。

④ 费而隐：广大而又精微。

⑤ 及其至也：谈到君子之道的最高境界。

⑥ 故君子语大：所以君子所说的先王之道的大事。

⑦ 语小：郑玄注："所说小事，谓若愚、不肖夫妇之知行也。"

⑧ 破：分析。

⑨ 鸢飞戾天，鱼跃于渊：老鹰展翅飞上天，鱼儿游动在深渊。鸢（yuān），老鹰。戾，至。

⑩ 言其上下察也：是说天上地下都明白昭著。

⑪ 造端乎：开始于。

⑫ 察乎天地：昭著于天地之间。

 译文

孔子说："追求隐僻的道理，而行为过于诡异，后世会对这种行径有所记述，我不这样做。君子遵循正道行事，行到一半而停止，我却不能中途停下来。君子按照中庸之道行事，隐遁于世，即使不被人知道也不后悔，这只有圣人才能做到。"君子之道，看起来微小，实际上作用却广大。即使是普通的男男女女，也可以让他们知其一二；如果谈到君子之道的最高境界，即使是圣人也有不能了解奉行的地方。普通的男男女女再不贤明，也能做到；如果谈到君子之道的最高境界，即使是圣人也有所不能。天地如此广大，人们仍旧会有遗憾。所以，君子谈到道的广大，整个天下都无法承载；君子谈到道的精微，整个天下也无人能够分析。《诗经》说："老鹰展翅飞上天，鱼儿游动在深渊。"说的是天上地下都明白昭著。君子之道，开始于普通男男女女的所知所行，发展到君子之道的最高境界，则昭著于天地之间。

子曰："道不远人[①]，人之为道而远人，不可以为道。《诗》云：'伐柯伐柯，其则不远[②]。'执柯以伐柯，睨而视之[③]，犹以为远。故君子以人治人，改而止[④]。忠恕违[⑤]道不远，施诸己而不愿，亦勿施于人[⑥]。君子之道四，丘[⑦]未能一焉：所求乎子，以事父未能也；所求乎臣，以事君未能也；所求乎弟，以事兄未能也；所求乎朋友，先施之未能也。庸德之行，庸言之谨[⑧]，有所不足，不敢不勉，有余不敢尽[⑨]；言顾行，行顾言，君子胡不慥慥尔[⑩]！"

 注释

①道不远人：君子之道和人的距离并不遥远。

②伐柯伐柯，其则不远：砍斧柄啊砍斧柄，式样就在你面前。柯，斧柄。则，法则、样板。

③睨（nì）：斜视。之：指手中所执的斧柄。

④故君子以人治人，改而止：君子治人，以其人之道，还治其人之身。其人能改，即止不治。

⑤违：去，距离。

⑥施诸己而不愿，亦勿施于人：即《论语·卫灵公》："己所不欲，勿施于人。"

⑦丘：孔子自称己名。

⑧庸德之行，庸言之谨：行的是平平常常的德，谨的是平平常常的言。这

句话是一种倒装结构。

⑨ 有余不敢尽：自己的本领绰绰有余，也不敢使尽。这是表示谦退。

⑩ 胡不：何不，岂不。慥慥（zàozào）：忠厚老实的样子。

译文

孔子说："道和人的距离并不遥远。如果有人实行道却远离了人，那就不可能实行道了。《诗经》上说：'砍斧柄呀砍斧柄，式样就在你面前。'握着旧斧柄去砍削新斧柄，（本以为不会有太大差异，）斜睨一眼手中的斧柄，还是觉得差异很大。所以君子按照人固有之道来治理人，如果人能改正，也就不再责备。尽己之心，推己及人这样的精神离道不远，自己都不愿做的事，也不要让别人去做。君子之道有四个方面，我没有一个方面能做到：要求儿子做到的事情，我应当先对父亲做到，这一条我还没有做到；要求下属做到的事情，我应当先对国君做到，这一条我还没有做到；要求弟弟做到的事情，我应当先对哥哥做到，这一条我还没有做到；要求朋友做到的事情，我应当先对朋友做到，这一条我还没有做到。行的是平平常常的德，谨的是平平常常的言。如果自己还有不足的地方，不敢不勉力去做；如果自己的才能绰绰有

余，也不敢使尽。说话时要顾及自己的行动，行动时要顾及自己说的话。这样的君子怎能不忠厚诚实呢？"

君子素其位而行，不愿乎其外。素富贵，行乎富贵；素贫贱，行乎贫贱；素夷狄，行乎夷狄；素患难，行乎患难。君子无入而不自得焉。在上位不陵①下，在下位不援②上，正己而不求于人则无怨。上不怨天，下不尤人。故君子居易以俟命，小人行险以侥幸。子曰："射有似乎君子，失诸正鹄③，反求诸其身。"

 注释

①陵：欺辱，欺凌。

②援：巴结，攀附。

③正鹄（zhènggǔ）：正与鹄都是箭靶的中心。正用于宾射，是用布制成的；鹄用于大射，是用皮制成的。

译文

　　君子因为现在所居的位置做应该做的事情，不羡慕自身以外的事情。现在处在富贵的地位，就按照富贵者的身份行事；现在处在贫贱的地位，就按照贱者的身份行事；现在处在夷狄的地位，就按照夷狄的身份行事；现在处在患难之中，就按照患难者的身份行事。君子不管处在什么地位，都能随遇而安。身居上位而不欺凌在下位的人；身居下位而不巴结在上位的人；端正自己的身份而不去企求于人，这样就不会有怨恨。上不埋怨苍天，下不归罪于他人。因此，君子安于现状而等待天命的安排，小人则铤而走险以求侥幸。孔子说："射箭之道就好比君子之道，如果没有射中靶心，就要回过头来检查自己。"

　　君子之道，譬如行远必自迩①，譬如登高必自卑②。《诗》曰："妻子好合，如鼓瑟琴。兄弟既翕，和乐且耽。宜尔室家，乐尔妻帑。"③子曰："父母其顺矣乎④！"

注释

　　①迩：近，近处。
　　②卑：低处。
　　③"《诗》曰"句：同妻子相亲相爱，像琴瑟一样和谐。加上兄弟和睦，欢乐气氛浓厚。使你的家庭安宁，使你的妻儿高兴。翕（xī），和合、和顺。尔，你、你的。耽，快乐。帑，通"孥"，儿子。这里引此六句诗的含义是，要做到治国、平天下这样的大事，也要从自己做起，从自己的家庭做起。
　　④父母其顺矣乎：做父母的大概就感到顺心了。

译文

　　君子之道，就好比远行一定要从近处开始行走，又好比登高一定要

从低处开始攀爬。《诗经》说："与妻子相亲相爱，如同鼓瑟抚琴的声音相应和。兄弟和睦，欢乐气氛浓厚。使你的家庭安宁，使你的妻子、儿子高兴。"孔子说："能够做到上面说的这些，做父母的大概就感到顺心了。"

子曰："舜其大孝也与！德为圣人，尊为天子，富有四海之内。宗庙飨之①，子孙保之②。故大德必得其位，必得其禄，必得其名③，必得其寿。故天之生物，必因其材而笃焉④。故栽者培之⑤，倾者覆之⑥。《诗》曰：'嘉乐君子，宪宪令德！宜民宜人，受禄于天。保佑命之，自天申之⑦！'故大德者必受命⑧。"

 注释

①飨：敬献供品。之：指舜。

②子孙保之：舜的子孙因得到舜的庇佑而平平安安。

③名：显著的声名。郑玄注："令闻也。"

④故天之生物，必因其材而笃焉：所以，天生万物，一定要根据其不同的秉性而厚其待遇。材，资质。

⑤栽：栽种，种植。培：培益。

⑥倾：倾斜。覆：覆败。

⑦嘉乐：嘉美喜乐。君子：诗的原意是指成王，这里指舜。宪宪：光明的样子。命之：命舜。申之：一再赐福于舜。申，有"重申"之意。

⑧受命：受命成为天子。

 译文

孔子说："舜真是一个大孝子啊！论德行，他是个圣人；论尊贵，他是个天子；论财富，他拥有四海之内的财富。宗庙敬献供品给他，子孙也因他的庇护而平平安安。所以有大德之人一定能得到他应得的地位，一定能得到他应得的财富，一定能得到他应得的名声，一定能得到他应得的寿命。所以，天下的万物，一定会根据它们的资质而厚待它们。所以有才学的、道德高尚的人可以获得栽培，无才、道德卑劣的人就遭到覆灭。《诗经》说：'嘉美喜乐的君子，具有十分光明的美德。善于安民，善于用人，接受来自上天的福禄。上天保佑他，上天一再赐福于他。'所以拥有大德的人一定会受命为天子。"

哀公问政①。子曰："文、武之政，布在方策②。其人存③，则其政举；其人亡，则其政息④。人道敏⑤政，地道敏树。夫政也者，蒲卢⑥也。故为政在人⑦，取人以身⑧，修身以道⑨，修道以仁⑩。仁者，人也⑪，亲亲为大；义者，宜也⑫，尊贤为大。亲亲之杀，尊贤之等，礼所生也⑬。在下位不获乎上，民不可得而治矣⑭！故君子不可以不修身；思修身，不可以不事亲；思事亲，不可以不知人；思知人，不可以不知天。"天下之达道⑮五，所以行之者三：曰君臣也，父子也，夫妇也，昆弟也，朋友之交也，五者天下之达道也。知、仁、勇三者，天下之达德也，所以行之者一也。或生而知之⑯，或学而知之，或困而知之，及其知之一也。或安而行之，或利而行之，或勉强而行之，及其成功一也。

注释

① 哀公问政：哀公向孔子请教如何治理国家。哀公，春秋时鲁国国君。

② 文、武之政，布在方策：文王、武王的治国方法，都记载在典籍上面。方策，木板和竹简，指典籍。

③ 其人存：若他们人还活着。

④ 息：不存，熄灭。

⑤ 敏：勉力。

⑥ 蒲卢：即蒲苇。也有说是蜾蠃，一种虫子。

⑦ 为政在人：治理国家的根本问题在于得到贤德的人。

⑧ 取人以身：得到贤臣的根本在于国君自身。

⑨ 修身以道：国君自身的修养取决于道。

⑩ 修道以仁：加强道德修养取决于仁爱。

⑪ 仁者，人也：所谓仁，就是爱人。

⑫ 义者，宜也：所谓义，就是适宜。

⑬ 亲亲之杀（shài），尊贤之等，礼所生也：亲近亲人也有亲疏之别，尊敬贤人也有等级之差，礼也就应运而生。杀，等差。

⑭ 在下位不获乎上，民不可得而治矣：身为臣子而得不到国君的信任，是不能把百姓治理好的。郑玄说这两句应当在下文，误重于此。

⑮ 达道：普遍的规律。

⑯ 之：指代上文的五达道、三达德。下同。

译文

鲁哀公向孔子请教如何治理国家。孔子回答说："周文王、周武王的治国良策，都记载在典籍上面。若他们还活着，这些治国良策就能够贯彻落实；若他们已经去世，这些治国良策也就随着废弛。治人之道在于讲求治国方法，种地之道在于讲求种植方法。治国方法，就好像蒲草一样。所以，治理国家的根本问题在于得到贤人，得到贤人的根本在于国君自身的修养，加强国君自身的修养要靠道德，加强道德修养要靠仁。所谓仁，就是爱人，以亲近自己的亲人最为重要；所谓义，就是适宜，以尊敬贤人最为重要。亲近亲人而有亲疏之别，尊敬贤人而有等级之差，礼就这样应运而生。身为臣子而得不到国君的信任，是不能够把百姓治理好的。因此，君子不可以不加强自身修养；要想加强自身修养，必须要懂得孝顺、侍奉双亲；要懂得孝顺、侍奉双亲，必须能分辨人是贤德还是不肖；要想分辨人是贤德还是不肖，必须要懂得天理。"天下通行的准则有五条，让这五条准则实行的美德有三种。君臣之间的关系、父子之间的关系、夫妇之间的关系、兄弟之间的关系、朋友之间的关系，这五条就是天下通行的准则。智慧、仁爱、勇敢，这三点就是用来推行这五条准则的天下通行的美德，君主都推行而不改变。对于这五条准则，有的人生下来就知道，有的人通过学习才知道，有的人陷入困境以后才知道；只要人们知道了，不管途径如何，都是一样的。对于实行这五条准则的三项美德，有人是心安理得地实行，有人是为了功利目的去实行，有的人是勉强地去实行；只要最后都取得成功，不管是怎样实行，都是一样的。

子曰："好学近乎知，力行近乎仁，知耻近乎勇①。知斯三者，则知所以修身；知所以修身，则知所以治人；知所以治人，则知所以治天下国家矣。"

注释

① 知耻近乎勇：懂得羞耻，就接近于勇。

译文

孔子说："爱好学习就接近于有智慧，努力行善就接近于仁德，懂得羞耻就接近于勇敢。知道了这三条的人，就懂得该怎样修身；懂得该怎样修身，就懂得该用什么治理百姓；懂得该用什么治理百姓，就懂得该用什么治理天下和国家。"

凡为天下国家有九经①，曰：修身也，尊贤也，亲亲也，敬大臣也，体②群臣也，子庶民③也，来百工④也，柔远人⑤也，怀⑥诸侯也。修身则道⑦立，尊贤则不惑⑧，亲亲则诸父昆弟不怨，敬大臣则不眩⑨，体群臣则士之报礼重，子庶民则百姓劝⑩，来百工则财用足，柔远人则四方归之，怀诸侯则天下畏之。

 注释

① 为：治理。九经：九条准则。

② 体：体恤。

③ 子：以……为子。庶民：百姓。

④ 来百工：召集各种工匠。来，招徕、召集。

⑤ 柔远人：用怀柔的政策对待蕃国。

⑥ 怀：安抚。

⑦ 道：道德。

⑧ 尊贤则不惑：尊重贤人，有贤者出谋划策，遇事就不迷惑。

⑨ 不眩：不迷。

⑩ 劝：规劝，劝勉。

 译文

大凡治理国家有九条准则，分别是：修养自身，尊重贤人，亲近亲族，敬重大臣，体恤群臣，爱护百姓，召集百工，怀柔蕃国，安抚诸侯。修养自身才能树立道德；尊重贤人，遇事才不困惑；亲近亲族，则叔伯兄弟之间才不会怨恨；敬重大臣，遇事才不迷惑；体恤群臣，群臣才会加倍回报；爱护百姓，百姓才会得到鼓励；召集百工，财用才会充足；用怀柔政策对待蕃国，四方才会归顺；安抚诸侯，天下才会畏服。

齐明①盛服，非礼不动，所以修身也；去谗远色，贱货②而贵德，所以劝贤③也；尊其位，重其禄，同其好恶，所以劝亲亲也；官盛任使④，所以劝大臣也；忠信重禄⑤，所以劝士也；时使薄敛⑥，所以劝百姓也；日省月试⑦，既禀称事⑧，所以劝百工也；送往迎来⑨，嘉善而矜不能⑩，所以柔远人也；继绝世，举废国⑪，治乱持危⑫，朝聘以时⑬，厚往而薄来⑭，所以怀诸侯也。

 注释

① 齐明：斋戒、沐浴，使身心洁净。齐，通"斋"，斋戒。明，洁净。

② 货：财物，财货。

③ 劝贤：鼓励贤德的人。

④ 官盛任使：属员众多，足够使用。

⑤ 忠信重禄：真诚地对待他们，给他们以丰厚的俸禄。

⑥ 时使薄敛：适时役使百姓，减轻赋税。

⑦ 日省（xǐng）月试：每日查看，每月考校，表明经常查考工作。

⑧ 既禀（xìlǐn）称事：给的俸禄与其工作相称。既，通"饩"。饩和禀原本指口粮，这里泛指月给的俸禄。称，相称。

⑨ 送往迎来：来的时候要欢迎，走的时候要欢送。

⑩ 嘉善而矜不能：表扬好的，做得不好的也少责备。矜，同情。

⑪ 继绝世，举废国：延续其断绝了的世系，恢复被灭亡的国家。

⑫ 治乱持危：平定内乱，支援危急。

⑬ 朝聘以时：诸侯朝见天子要按时。

⑭ 厚往而薄来：诸侯来朝时纳贡菲薄，归国时的赏赐则要丰厚。

 译文

斋戒沐浴，身着礼服，不符合礼的规定的行为不可有，这是提高自身修养的办法；远离诬陷他人的人和女色，轻视钱财而重视德行，这是鼓励贤人的办法；提高亲族的爵位，加厚亲族的俸禄，和亲人有一样的好恶，这是用来鼓励亲近亲族的办法；属官众多，足够使用，这是用来鼓励大臣的办法；真诚地对待他们，给他们丰厚的俸禄，这是用来鼓励群臣的办法；适时地役使百姓，减轻赋税，这是用来鼓励百姓的办法；经常查考工作，给的俸禄与其工作匹配，这是用来鼓励百工的办法；来的时候欢迎，走的时候欢送，表扬好的，做得不好的也少责备，这是用来怀柔蕃国的办法；延续断绝了的世系，复兴灭亡了的国家，平定内乱，支援危急，按时接受朝聘，诸侯来朝时纳贡菲薄，归国时的赏赐则要丰厚，这是用来安抚诸侯的办法。

凡为天下国家有九经①，所以行之者一也②。凡事豫③则立，不豫则废。言前定则不跲④，事前定则不困⑤，行前定则不疚⑥，道前定则不穷⑦。

 注释

①凡为天下国家有九经：大凡治理国家有九条准则。

②所以行之者一也：用来实行这九条准则的方法是一致的。

③豫：事前有准备。朱熹注："素定也。"

④言前定则不跲（jiá）：说话前有所准备就不会中途中断。前定，事前有准备。跲，有所牵绊、绊倒。

⑤困：陷入困境。

⑥行：行动。疚：出错，诟病。

⑦道：道路。穷：走投无路。

译文

治理天下和国家有九条准则，而用来实施这九条准则的方法是一致的。所有的事情，事先有准备就能成功，事先没有准备就会失败。要说的话事先有所准备就不会中断，做事事先有所准备就不会陷入困境，行动之前有所准备就不会出错，道路事先计划妥当就不会走投无路。

在下位不获乎上①，民不可得而治矣。获乎上有道：不信乎朋友，不获乎上矣②。信乎朋友有道：不顺乎亲③，不信乎朋友矣。顺乎亲有道：反诸身不诚④，不顺乎亲矣。诚身有道⑤：不明乎善⑥，不诚乎身矣。

 注释

① 在下位不获乎上：职位卑下，又得不到上级的信任。

② 获乎上有道：不信乎朋友，不获乎上矣：要想获得上级的信任是有法可循的，得不到朋友的信任，就不能得到上级的信任。

③ 不顺乎亲：不孝顺于父母。

④ 反诸身不诚：反省自身不真诚。

⑤ 诚身有道：要使自身诚心诚意也是有法可循的。

⑥ 不明乎善：不明白什么是善。

 译文

作为臣子如果不能获得国君的信任，是不能够把百姓治理好的。要想得到国君的信任是有法可循的：首先要得到朋友的信任，如果得不到朋友的信任，也就得不到国君的信任了。要想得到朋友的信任是有法可循的：首先要尊敬、孝顺父母，如果不尊敬、孝顺父母，也就得不到朋友的信任了。要想做到尊敬、孝顺父母是有法可循的：首先要反省自己是不是诚心诚意，如果没有做到诚心诚意，也就做不到孝顺父母了。要

使自己诚心诚意是有法可循的：首先要明白什么是善，如果不知道什么是善，自己就不可能诚心诚意了。

诚者，天之道也①；诚之者，人之道也②。诚者不勉而中，不思而得，从容中道，圣人也③。诚之者，择善而固执之者也④。

注释

①诚者，天之道也：诚，是上天的准则。

②诚之者，人之道也：做到诚，这是做人的准则。

③诚者不勉而中，不思而得，从容中道，圣人也：作为上天准则的诚，不需要勉强就刚刚好，不用思考就能得到，从容不迫，言行中庸，能够这样做的是圣人。

④诚之者，择善而固执之者也：做到诚，只有那些遵从善并且紧紧抓住不放的人。

译文

诚，是上天的准则；能做到诚，是做人的准则。诚，作为上天的准则，不需要勉强就刚刚好，不假思索就得到，从容不迫，一举一动都恰如其分，圣人都是这样做的。要做到诚，就要遵从善，牢牢抓住并且坚持做到。

博学之，审问之①，慎思之，明辨之，笃行之②。有弗③学，学之弗能弗措④也；有弗问，问之弗知弗措也；有弗思，思之弗得弗措也；有弗辨，辨之弗明弗措也；有弗行，行之弗笃弗措也。人一能之己百之⑤，人十能之己千之。果能此道矣，虽愚必明，虽柔必强。

 注释

① 审问之：仔细地求教。
② 笃行之：切实地实行。
③ 弗：表示否定意义，不。
④ 弗措：不罢休，不停止。
⑤ 人一能之己百之：别人学习一遍就会了，自己就学上百遍。

 译文

广泛地学习知识，仔细地求教问题，慎重地思考疑问，清楚地辨别是非，切实地履行。除非不学，学习了而没有学会，就决不停止；除非不问，问了而没有弄懂，就决不停止；除非不思考，思考而没有得到结果，就决不停止；除非不分辨，分辨而没有分辨明白，就决不停止；除非不实行，实行而不实行彻底，就决不停止。别人学习一遍就能学会，自己就学习一百遍；别人学习十遍就能学会，自己就学一千遍。如果真的按照这样做了，即使是蠢笨的人也一定会变得聪明，即使是柔弱的人也必定会变得刚强。

自诚明①，谓之性。自明诚，谓之教。诚则明矣，明则诚矣。

 注释

① 自：从，由。诚：至诚。明：明德。

由内心的真诚而能够明白道理，这叫人的天性；由明白事理而达到内心真诚，这叫教化。内心真诚就会明白道理，明白道理就会内心真诚。

唯天下至诚，为能尽其性①；能尽其性，则能尽人之性②；能尽人之性，则能尽物之性③；能尽物之性，则可以赞天地之化育④；可以赞天地之化育，则可以与天地参⑤矣。

①唯天下至诚，为能尽其性：只有拥有天下至诚的圣人，才能完全发挥自己的天性。

②尽人之性：完全发挥他人的天性。

③则能尽物之性：就能完全发挥万物的天性。

④ 赞：助。化育：化生和养育。

⑤ 天地参（sān）：意思是圣人和天地并列而为三。参，通"三"。按：本节是针对上文的"自诚明"而言。

 译文

只有拥有天下至诚的圣人，才能完全发挥自己的天性；只有完全发挥自己的天性，才能完全发挥他人的天性；只有能完全发挥他人的天性，才能完全发挥万物的天性；能完全发挥万物的天性，就可以帮助天地化育万物；可以帮助天地化育万物，圣人就可以和天、地并列，而成为三个中的一个了。

其次①致曲②。曲能有诚，诚则形③，形则著④，著则明⑤，明则动⑥，动则变⑦，变则化⑧，唯天下至诚为能化。

 注释

① 其次：指次一等的人，在此指次于圣人的贤人。

② 致曲：致力于善的某一方面。致，推致。曲，局部。

③ 形：表现。

④ 著：显现，显著。

⑤ 明：光明。

⑥ 动：感动人心。

⑦ 变：指弃恶从善。

⑧ 化：化育，意思是脱胎换骨。

 译文

贤人也能致力于善的某一方面。致力于善的某一方面也能达到至诚，达到至诚就会表现出来，表现出来就会逐渐显著，逐渐显著就会大放光明，大放光明就会感动人心，感动人心就会弃恶从善，弃恶从善就会让人脱胎换骨。只有天下至诚的贤人才能化恶为善，让人脱胎换骨。

至诚之道，可以前知①。国家将兴，必有祯祥②；国家将亡，必有妖孽③。见乎蓍龟④，动乎四体⑤。祸福将至：善，必先知之；不善，必先知之。故至诚如神。

注释

①至诚之道，可以前知：拥有至诚的品质，就可以知道未来。郑玄注："可以前知者，言天不欺至诚者也。"

② 祯祥：指吉兆。

③ 妖孽：指凶兆。

④ 见（xiàn）乎蓍龟：反映在占卜上。见，通"现"。蓍龟，古代占用龟甲，卜用蓍草。

⑤ 四体：即四肢。郑玄注："四体，谓龟之四足。春占后左，夏占前左，秋占前右，冬占后右。"

 译文

　　拥有至诚的品质，就可以知道未来。国家将要兴盛发达，一定会有吉兆。国家将要灭亡，必定会有凶兆。体现在占卜的蓍草、龟甲上，表现在人们的仪容、举止上。灾祸和福祉将要到来的时候：福祉，一定能预先知道；灾祸，也一定能预先知道。因此，拥有至诚品质的人就像神明一样。

　　诚者自成①也，而道自道②也。

 注释

① 自成：自我完成，自我完善。

② 道：通"导"，指导。

 译文

　　诚是由自身品德修养来完成的，而道的掌握是自我的引导。

　　诚者物之终始，不诚无物①。是故君子诚之为贵②。

注释

①诚者物之终始，不诚无物：诚信，贯穿于天下万物，没有诚信也就没有天下万物。

②是故君子诚之为贵：所以君子把诚信看成是最宝贵的品质。

 译文

诚信，贯穿于天下万物的始终，没有诚信也就没有天下万物。所以，君子把诚信看作是最宝贵的品德。

诚者非自成己①而已也，所以成物也。成己，仁也；成物，知也。性之德也②，合外内之道也③，故时措④之宜也。

 注释

①成己：完善自己。

②性之德也：仁、智是人性中的美德。"仁"和"智"是这句话的主语。

③外：指上文的"成物"。内：指上文的"成己"。

④时措：适时实施。措，使用、施行。

 译文

诚，并不是完成自身的修养就可以了，而是要以诚来使万物都得到提升。能够完成自身的修养，叫作仁；能够使万物都得到完善，叫作智。

仁和智都是人性固有的美德，综合了成就自己和成就万物的方法，所以任何时候用它都是合宜的。

故至诚无息①。不息则久，久则征②，征则悠远，悠远则博厚，博厚则高明。博厚，所以载物也；高明，所以覆物也；悠久③，所以成物也。博厚配地④，高明配天⑤，悠久无疆⑥。如此者，不见而章，不动而变，无为而成⑦。天地之道，可一言而尽也⑧。其为物不贰⑨，则其生物不测。

注释

① 至诚无息：极致的诚永远也不会止息。无息，不间断。

② 征：有了成果验证。

③ 悠久：和上文的"悠远"意思相同。

④ 博厚配地：呼应上文"博厚，所以载物也"。配地，指与地有同样的功效。配，匹配。

⑤ 高明配天：呼应上文之"高明，所以覆物也"。

⑥ 悠久无疆：呼应上文之"悠久，所以成物也"。

⑦ 如此者，不见而章，不动而变，无为而成：意思是圣人之德如此博厚、高明、悠久，不显现也会功业彰明，不见作动而万物改变，无所施为而道德成就。

⑧ 天地之道，可一言而尽也：天地之间的大道，用一个字就可以概括，那就是"诚"。

⑨ 不贰：无二心。指忠诚如一，没有别的混杂。

译文

因此，极致的诚是永远也不会间断的。不间断就会保持长久，保持长久就会得到效验，得到效验就会行之悠远，行之悠远就会广博深厚，广博深厚就会高大光明。广博深厚，能用来承载万物；高大光明，能用来覆盖万物；行之悠远，能用来成就万物。广博深厚可以和大地相匹配，高大光明可以和天相匹配，行之悠远而没有边际。圣人的贤德如此广博深厚、高大光明、行之悠远，以至于不显现也会功业彰明，不见动作而万物改变，无所作为而道德成就。天地之间的大道，用一个字就可以概括，那就是'诚'。它忠诚如一地对待世间万物，所以能够生育万物而其数无法估测。

　　天地之道，博也厚也，高也明也，悠也久也。今夫天①，斯昭昭之多②，及其无穷也③，日月星辰系焉，万物覆焉。今夫地，一撮土之多④，及其广厚，载华岳而不重⑤，振⑥河海而不泄，万物载焉。今夫山，一卷石⑦之多，及其广大，草木生之，禽兽居之，宝藏兴焉。今夫水，一勺之多，及其不测⑧，鼋鼍蛟龙鱼鳖生焉，货财殖焉。《诗》云："维天之命，於穆不已⑨！"盖曰天之所以为天也。"於乎不显，文王之德之纯⑩！"盖曰文王之所以为文也，纯亦不已。

 注释

　　①今夫天：就拿天来说吧。今夫，发语词。

　　②斯昭昭之多：这个天由小小的明亮积累而来。昭昭，光明、明亮的样子。昭昭即小明貌。

　　③及其无穷也：等到它变得没有穷尽时。

　　④一撮（cuō）土之多：开始也不过是一把土罢了。撮，用两三个指头撮取的分量，形容很少的量。

　　⑤华岳：西岳华山。此处泛指五岳。不重：不以为重。

　　⑥振：容纳，收拢。

　　⑦一卷（quán）石：拳头大小的一块石头。卷，通"拳"。

　　⑧不测：不可测度。意思是水深不可测。

　　⑨维天之命，於穆不已：天道在运行，庄严肃穆永不停。於（wū），感叹词。穆，美好。

⑩於乎不显，文王之德之纯：呜呼，多么光明显赫！文王的品德真纯正。於乎，同"呜呼"，感叹词。不，通"丕"，大。显，显明、光明。纯，朱熹注："纯一不杂也。"亦见《诗经·周颂·维天之命》。

译文

天地的大道，广博，深厚，高大，光明，悠远，长久。就拿天来说，刚一开始也不过是狭小的一片微光，微光慢慢积多，等到它无穷无尽时，日月星辰悬挂在上面，万物被覆盖在下面。再拿地来说，刚一开始也不过是一把泥土而已，泥土越积越多，等到它广博深厚时，即便承载着五岳，也不会觉得重，即便容纳着河海，也不至于漏泄，世上万物都承载在地的上面。再拿山来说，

刚一开始不过是一块拳头大小的石头，石头越积越多，等到它又高又大时，草木生长在上面，禽兽居住在上面，矿藏从石头里面开采。再拿水来说，刚一开始也只是一勺水而已，水越积越多，等到它深不可测时，鼋鼍、蛟龙、鱼鳖生活在里面，各种各样的货财也从这里面繁殖。《诗经》说："天道在运行，庄严肃穆永不停歇。"讲的就是天之所以成为天的原因吧；"呜呼，多么光明显赫！文王的品德真纯正。"讲的就是文王之所以被称为"文"的道理吧。他的纯正也从不间断。

故君子尊德性而道①问学②，致③广大而尽精微，极④高明⑤而道⑥中庸，温故而知新，敦厚⑦以崇礼。

注释

① 道：从，由。

② 问学：询问学习。

③ 致：推致。

④ 极：达到最高点。

⑤ 高明：德行的最高境界。

⑥ 道：遵行。

⑦ 敦厚：意思是加厚，加大力度。这是个动宾结构。

译文

所以君子尊崇圣人的至诚之性，并通过探究和学习来达到，既追求道的广阔博大，又穷尽道的精妙细微；既追求高明的境界，又遵循中庸之道。温习旧有知识，从中获得新的体会、见解；为人淳朴、厚道，又崇尚礼仪。

是故居上不骄①，为下不倍②。国有道，其言足以兴；国无道，其默足以容。《诗》曰："既明且哲，以保其身③。"其此之谓与！

注释

① 不骄：不骄傲。

② 不倍：不违逆。倍，通"背"，背叛、违背。

③ 既明且哲，以保其身：既明白道理而又洞察是非，就可以保全自身。

译文

所以，身居上位，对下而不骄傲；身居下位，对上而不违逆。如果天下太平，国家政治清明，他的意见足以使国家更加兴盛；如果天下大乱，国家政治黑暗，他的沉默不语也足以使他容身自保。《诗经》说："既明白道理而又洞察是非，就可以保全自身。"说的就是这个道理吧！

　　仲尼祖述尧、舜，宪章文、武①；上律天时，下袭水土②。辟如天地之无不持载，无不覆帱③，辟如四时之错行，如日月之代明。万物并育而不相害，道并行而不相悖，小德川流，大德敦化④，此天地之所以为大也。

　　唯天下至圣⑤，为能聪明睿知，足以有临也；宽裕温柔，足以有容也；发强刚毅，足以有执也；齐庄中正⑥，足以有敬也；文理密察⑦，足以有别也。溥博渊泉⑧，而时出之。溥博如天，渊泉如渊。见⑨而民莫不敬，言而民莫不信，行而民莫不说⑩。是以声名洋溢乎中国，施及蛮貊⑪；舟车所至，人力所通，天之所覆，地之所载，日月所照，霜露所队⑫。凡有血气⑬者，莫不尊亲，故曰配天⑭。唯天下至诚，为能经纶天下之大经⑮，立天下之大本，知天地之化育。夫焉有所倚？肫肫⑯其仁，渊渊⑰其渊，浩浩⑱其天！苟不固聪明圣知达天德者，其孰能知之？

　　《诗》曰："衣锦尚絅。"⑲恶其文之著也⑳。故君子之道，暗然而日章㉑；小人之道，的然而日亡㉒。君子之道，淡而不厌，简而文，温而理，知远之近，知风之自，知微之显，可与人德矣㉓。《诗》云："潜虽伏矣，亦孔之昭㉔！"故君子内省不疚㉕，无恶㉖于志。君子所不可及者，其唯人之所不见乎！《诗》云："相在尔室，尚不愧于屋漏㉗。"故君子不动而敬，不言而信。《诗》曰："奏假无言，时靡有争㉘。"是故君子不赏而民劝㉙，不怒而民威于铁钺㉚。《诗》曰："不显惟德，百辟其刑之㉛。"是故君子笃恭而天下平。《诗》曰："予怀明德，不大声以色㉜。"

①祖述、宪章：都是"效法"的意思。文、武：指周文王、周武王。"祖述尧、舜"，这是从远处来说。"宪章文、武"，这是从近处来说。

②律：遵循，取法。袭：顺应，沿袭。

③帱（dào）：覆盖。

④小德川流，大德敦化：小德川流不息，大德敦厚化育。小德，是天地之德的一部分。大德，是天地之德的总体。敦化，指仁爱敦厚。

⑤至圣：指孔子。

⑥齐（zhāi）庄：严肃诚敬。中正：得当，不偏不倚。

⑦ 文理密察：条理详审明察。

⑧ 溥（pǔ）博渊泉：博大精深。这句也是说孔子之德。溥博，周遍而广远。溥，周遍。渊泉，静深而有本，比喻思虑深远。

⑨ 见：意思是孔子一出现。

⑩ 说：高兴。

⑪ 施（yì）及蛮貊：传播到边疆少数民族居住地区。施，延续、延伸。蛮和貊是古时分别居住在南方和东北方的少数民族。

⑫ 队：通"坠"，坠落。

⑬ 血气：指代生命，血液和气息。

⑭ 故曰配天：所以说（至圣的大德）可以和天媲美，与天匹配。

⑮ 经纶：意思是理顺、归纳总结出。大经：治国纲领。

⑯ 肫肫（zhūnzhūn）：诚恳的样子。

⑰ 渊渊：深沉的样子。

⑱ 浩浩：浩荡无垠的样子。

⑲ 《诗》曰："衣锦尚䌹。"：《诗经》写道："穿了华丽的衣服，又在上面加了一层罩衣。"衣，动词，穿。锦，华丽的衣服。尚，添加。䌹，麻制的单层罩衣。

⑳ 恶（wù）其文之著也：厌恶锦衣华丽的花纹太显眼了。

㉑ 暗然：隐晦深远。日章：日见彰明。

㉒ 的然：明亮的样子。日亡：日渐消亡。

㉓ "君子之道"至"可与人德矣"：君子之道，淡薄而不使人厌倦，简约而有文采，温和而有条理，由近而知远，由风而知源，见著而知微，这样就可以说是摸到了进入圣人之德的门径了。

㉔ 潜虽伏矣，亦孔之昭：意思是鱼儿虽然潜伏水底，但仍被看得分明。孔，大。

㉕ 内省不疚：意思是自我反省，没有做错事情。

㉖ 恶：损。

㉗ 相在尔室，尚不愧于屋漏：不要以为屋漏是隐蔽之处，没人看得见，就没有肃敬之心，实际上，神什么都能看见。相，看。

㉘ 奏假无言，时靡有争：祭祀成汤之时奏乐于宗庙，人皆肃敬，无有喧哗之言。太平盛世，没有争讼之事。

㉙ 劝：受到鼓励。

㉚ 铁钺：古代的刑具，斫刀和大斧。

㉛ 不显惟德，百辟其刑之：文王之德多么光明，四方诸侯都要效法。百辟，谓诸侯。刑，通"型"，模型、效法。之，指代文王。

㉜ 予怀明德，不大声以色：意思是我归心于明德的文王，他从不疾言厉色。

 译文

孔子继承唐尧、虞舜的传统，效法文王、武王的典章。从上来说，遵循天道规律；从下来说，顺应水土环境。譬如天无所不覆盖，还有地无所不承载；譬如四季交替运行，还有日月轮流照耀。天下万物共同生长而不互相妨害，各种规律并行而不相互背离。小德如同河水流动一样永不停止，大德以其仁爱敦厚而化生万物，这就是天地之所以伟大的原因。

只有天下最伟大的圣人才能做到聪明睿智，可以君临天下；温柔宽厚，有容纳万物的度量；坚强刚毅，有可以决断一切的魄力；端庄正直，让大家肃然起敬；条理清晰，详审明察，能够辨别是非。圣人的德行，博大精深，等待适当的时机有所表现。他的博大犹如苍天，他的精神犹如深渊。只要他出现，百姓就无不肃然起敬；

只要他一说话，百姓就无不信服；他一行动，百姓就无不欢欣喜悦。所以他的名声传遍整个华夏大地，延伸到少数民族聚居的地方。车船能行驶到的地方，人的足迹能到达的地方，只要是在苍天覆盖的地方，大地能承载的地方，日月照耀的地方，霜露能够降下的地方，凡是有血气的生命，没有不尊敬、亲近他的，所以说圣人的大德可以和天媲美。只有天下至诚的人，才能治理、理顺天下的大纲，才能树立天下的根本，才能洞悉天地化育万物的道理。做到这些难道还要依赖别的东西吗？他的仁厚是如此诚挚，智慧是如此深沉，盛德如天，浩浩无垠！如果不是本来就聪明睿智而又通达上天的圣人，谁能知道这些呢？

《诗经》说："穿了华丽的衣服，又在上面加了一层麻布单衣。"这是不喜欢锦服上的花纹太显眼。所以君子之道，虽然刚开始隐晦深远，但日益彰明；小人之道，虽然刚开始光芒刺目，但日趋消亡。君子之道，淡薄而不令人生厌，简约而有文采，温和而有条理，知远而从近始，闻风而知其风向，见著而知微，这可以说是摸到了进入圣人之德的门径了。《诗经》上说："鱼儿虽然潜藏水底，仍能被看得分明。"所以君子自我反省，问心无愧，也无损于自己的志向。君子让别人比不上的

地方，大概就在于别人所看不见的时候吧！《诗经》上说："不要以为屋漏是隐蔽之处，没人看得见，就没有肃敬之心，实际上，神什么都能看见。"所以君子不用举动就能让人肃然起敬，不用说话就能令人信服。《诗经》说："奏乐在宗庙，人皆肃敬，无有喧哗之言。太平盛世，没有争讼之事。"所以国君不用赏赐，百姓就受到了鼓励；不用发怒，百姓就觉得比刑罚还要威严。《诗经》说："文王的德行多么光明，四方诸侯都要效法。"因此，君子笃实恭敬就能使天下太平。《诗经》说："我归心于明德的文王，他从不疾言厉色。"

子曰："声色之于以化民，末也。"①《诗》曰："德辎如毛②。"毛犹有伦③。"上天之载，无声无臭④。"至矣⑤！

注释

① "子曰"句：孔子说："通过疾言厉色去教化百姓，是下策。

② 德辎（yóu）如毛：德行轻于鸿毛。辎，轻。

③ 伦：比较。

④ 上天之载，无声无臭：上天造生的万物，人们既听不到它的声音，也闻不到它的气味。载，通"栽"，谓生物。

⑤ 至矣：那才是至高无上的境界啊！

译文

孔子说："通过疾言厉色去教化百姓，是下策。"《诗经》说："德行轻如鸿毛。"轻如鸿毛还是有物可比拟的。《诗经》中又说："上天创造产生的万物，既没有声，也没有气味"，这才是至高无上的境界啊！

表记

　　子言之："归乎①！君子隐而显，不矜而庄，不厉而威，不言而信。"子曰："君子不失足于人，不失色于人，不失口于人。是故君子貌足畏也，色足惮也，言足信也。《甫刑》曰：'敬忌而罔有择言在躬。'②"子曰："裼袭③之不相因也，欲民之毋相渎也④。"子曰："祭极⑤敬，不继之以乐。朝极辨，不继之以倦。"

注释

①归乎：还是回去吧！这里指的是孔子周游列国之后，因为没有被诸侯聘用，心里感到厌烦和疲倦，所以发出想要回鲁国的感叹。

②《甫刑》：《尚书》篇名，也叫《吕刑》。择（dù）言：败言或不合法度的议论。择，通"殬"，败。

③裼袭：古人穿着礼服的制度，冬穿裘，夏穿葛，裘葛的外面有罩衣，叫裼衣。裼衣上面又加正服（例如朝服或皮弁等）。敞开正服的前襟，露出左袖而让人看见裼衣，这就叫裼。穿好左衣袖，掩好正服前襟，这就叫袭。裼是为了展示内服之美，袭是为了掩盖内服之美。具体怎样做，要结合相应的时节和场合。

④欲民之毋相渎也：孙希旦说："礼以变为敬，若相因则渎，渎则不敬矣。"

⑤极：尽。

译文

孔子说："还是回去吧！君子即使隐居在山林之间，也会道德发扬，声名显著；不用故意做出矜持的样子，也会自然端庄；不必故作严厉，也会让人产生敬畏之心；不用说话，也会被人信任。"孔子说："君子的一举一动、一颦一笑、一言一语，都不让别人感到有失检点。因此，君子的容貌足以令人生畏，君子的神色足以令人畏惧，君子的话语足以令人信服。《甫刑》上说：'外表很恭敬，内心很谨慎，就不会有诋毁的言语加到自己身上。'"孔子说："在行礼中，有时以露出裼衣为敬，有时以掩好上服不露出裼衣为敬，这样做都是为了要民众不要亵渎了礼。"孔子说："行祭礼要竭尽虔诚之心，虽有宴飨，但不能以欢乐告终；朝廷上的政事要极尽能力办好，不可因为劳神就草草了事。"

子曰："君子慎以辟祸，笃以不揜①，恭以远耻。"子曰："君子庄敬日强，安肆日偷。君子不以一日使其躬儳焉②如不终日。"子曰："齐戒以事鬼神，择日月以见君③，恐民之不敬也。"子曰："狎侮死焉而不畏也。"子曰："无辞不相接也，无礼不相见也，欲民之毋相亵也。《易》曰：'初筮④告，再三渎，渎则不告。'"

注释

① 掩：通"掩"，困迫。
② 儳（chàn）焉：被人小看。
③ 择日月以见君：指国都以外的地方官员觐见国君都要挑好日子。
④ 筮（shì）：占筮。

译文

孔子说："君子用严谨的处事方式来避免灾祸，用笃厚的道德来避免遭受窘迫的情形，用恭敬的态度来远离耻辱。"孔子说："君子端庄恭敬，所以德行日益显著；如果贪图安逸享乐，行为放肆不检点，德行就会日益浅薄。君子一天也不让自己的所作所为被人轻视，就像惶惶不可终日一样。"孔子说："敬神拜鬼之前要进行斋戒，觐见国君之前要挑选好日子，这是担心人们失去恭敬之心。"孔子说："小人喜好轻狎侮慢，即使会招致杀身之祸，也不知道害怕。"孔子说："朝聘聚会之时，如果没有言辞就不互相交接，没有见面的礼物就不互相见面。这是要百姓不要因忽视礼数而失敬于对方。《易经》说：'第一次占筮，神会告诉吉凶，如果不相信而几次三番地占筮，就是对神的亵渎。亵渎了神，神就不再告诉吉凶了。'"

子言之："仁者，天下之表也；义者，天下之制也；报①者，天下之利也。"子曰："以德报德，则民有所劝。以怨报怨，则民有所惩②。

《诗》曰：'无言不雠，无德不
报。'《太甲》曰：'民非后，无能
胥以宁。后非民，无以辟四
方。'③"子曰："以德报怨，则宽
身之仁④也；以怨报德，则刑戮
之民也。"

注释

①报：回报。郑玄认为，报，
指的是"礼"，即礼尚往来。

②雠：指受到创伤。

③"《太甲》曰"四句：这里引
用的文字与《尚书》本文有些许不
同。《太甲》，《尚书》篇名。后，
君。辟（bì），君主。

④仁：当作"民"，声近而误。

译文

孔子说："仁是天下的仪表；义是判断天下事物的准则；互相报答，
是天下行礼的好处。"孔子说："以恩德回报别人对自己的恩德，那么百
姓就会受到鼓励。以怨恶回报别人对自己的怨恶，那么百姓就会受到伤
害。《诗经》说：'出言未有不答，施德未有不报。'《尚书·太甲》篇说：
'百姓如果没有一国之君，生活就得不到安宁；一国之君没有百姓子民，
就没办法君临天下，威震四方。'"孔子说："以恩德回报怨恶，是委曲求
全的人；以怨恶报恩德，是应该受到刑罚或处死的人。"

子曰："无欲而好仁者，无畏而恶不仁者，天下一人而已^①矣。是故君子议道自己，而置法以民。"子曰："仁有三，与仁同功而异情。与仁同功，其仁未可知也。与仁同过，然后其仁可知也^②。仁者安仁，知者利仁，畏罪者强仁。仁者右也，道者左也。仁者人也，道者义也。厚于仁者薄于义，亲而不尊；厚于义者薄于仁，尊而不亲。道有至，义有考^③。至道以王，义道以霸，考道以为无失。"

 注释

①一人而已：极言很少有这样的人。

②与仁同过，然后其仁可知也：行使仁义的举措而遇到挫折或失败，不是真心行仁的，就会动摇、后悔，所以能够分辨出他是属于哪种仁。

③道有至，义有考：郑玄说应当作"道有至，有义，有考"。至道是仁和义都行使，义道是行义而不行仁，考道是勉勉强强采取仁义的一部分而行之以取得成功。考，成也。

 译文

孔子说："自身没有私欲而喜好仁的人，自身无所畏惧而厌恶不仁的人，天下少有。因此，君子在议论事理原则时从自身出发，在制定法律时以百姓为准。"孔子说："仁的实行有三种情况：一是不求任何回报地行仁，二是为了某些好处而行仁，三是勉为其难而行仁。三者虽然都能达到仁的效果，但出发点却不同。都能达到仁的效果，但看不出它是属于哪种仁。在行仁时遇到了挫折，这时就可以看出它是属于哪种仁了。真正的仁人，不论在何时都安于行仁；智慧的人，看到有利可图才去行仁；害怕犯罪受罚的人，是迫不得已而勉强行仁。仁就像是右手，道就像是左手。仁，表现在爱人上；道，表现在义理上。在仁的方面做得多，在义的方面做得少，最终赢得了亲近而没有赢得尊敬；在义的方面做得多，在仁的方面做得少，最终赢得了尊敬而没有赢得亲近。至道是仁义兼行，义道是行义而不行仁，考道是采取仁义的一部分而行之。推行至道可以成就王业，推行义道可以称霸诸侯，推行考道可以避免行为过失。"

子言之："仁有数，义有长短小大①。中心憯怛，爱人之仁也。率法而强之，资②仁者也。《诗》云：'丰水有芑，武王岂不仕？诒厥孙谋，以燕翼子。武王烝哉③！'数世之仁也。《国风》曰：'我今不阅，皇恤我后④。'终身之仁也。"

注释

①仁有数，义有长短小大：这二句中的"数"与"长短、小大"是使用了互文见义的修辞手法。下文所引《诗经》五句，是为仁的多、长、大举的例子。所引《国风》二句，是为仁的少、短、小举的例子。
②资：取。

③丰水：即沣水，发源于陕西西安西南的秦岭，和渭水汇流以后注入黄河。芑：郑玄说是枸杞，马瑞辰说是水芹菜。烝：美。

④阅：容纳。皇：通"遑"，指没有工夫。

 译文

孔子说："仁和义都有多少、长短、大小的分别。对别人的不幸怀有怜悯之心，这是本性同情他人的仁。遵守法律而勉强行仁，这是为了实现个人目的而行使的仁。《诗经》上说：'就像丰水边有杞树，武王怎能不考虑天下长治久安之计？留下了安邦治国的好谋略，保护他的子孙享国久长。武王真伟大啊！'这是惠及后世几代的仁。《国风》上说：'我现在自身难保，哪里有工夫为后代着想呢！'这是伴随自身死亡而结束的仁。"

子曰："仁之为器重，其为道远，举者莫能胜也，行者莫能致也。取数多者，仁也。夫勉于仁者，不亦难乎！是故君子以义①度人，则难为人；以人望人，则贤者可知已矣。"子曰："中心安仁者，天下一人而已矣。《大雅》曰：'德辑如毛，民鲜克举之。我仪图之，惟仲山甫举之②，爱莫助之。'《小雅》曰：'高山仰止，景行行止③。'"子曰："《诗》之好仁如此。乡道而行，中道而废，忘身之老也，不知年数之不足也，俛焉日有孳孳④，毙而后已。"

 注释

①义：郑玄说是"先王成法"。

②仪图：猜测，揣度。仲山甫：周宣王在位时的大臣。他的封地在樊（今河南济源），在家中排行老二，所有又称作樊仲。

③止：通"之"，语尾助词。景行：大道。

④俛焉：勤奋的样子。孳孳：孜孜。

 译文

　　孔子说:"假如把仁比作器物,它是非常重的;假如把仁比作道路,它是非常远的;(如果作为器物,)举它的人没有谁能够举起它来,(如果是道路,)走的人没有谁能够走完它。取其举得较重的,走得较远的,数量多的,算是仁。那些努力实行仁的人,不也是很难的吗?所以君子从义理上来衡量人,就很难找到合乎标准的人;如果用普通人的标准去要求人,就可以知道谁是贤人了。"孔子说:"天性乐于施仁的人,普天之下非常少。《大雅》说:'尽管道德轻如鸿毛,但鲜少有人能够把它举得起来。我猜测,能够举得起来的只有仲山甫,可是当时没有人能够帮助他。'《小雅》说:'高山为大家所仰望,大道为民众所共行。'"孔子说:"《诗》表达了诗人对仁如此强烈的爱好。向着仁的道路行进,走到中途,不得已才停下来,忘记了身体的衰老,不考虑余日不多,仍然奋力向前,孜孜不懈,死而后已。"

子曰："仁之难成久矣。人人失其所好①，故仁者之过易辞也。"子曰："恭近礼，俭近仁，信近情，敬让以行，此虽有过，其不甚矣。夫恭寡过，情可信，俭易容也，以此失之者，不亦鲜乎！《诗》曰：'温温恭人，惟德之基。'②"子曰："仁之难成久矣，唯君子能之。是故君子不以其所能者病人，不以人之所不能者愧人。是故圣人之制行也，不制以己，使民有所劝勉愧耻③，以行其言。礼以节之，信以结之，容貌以文之，衣服以移之，朋友以极之，欲民之有壹也。《小雅》曰：'不愧于人，不畏于天。'④是故君子服其服，则文以君子之容；有其容，则文以君子之辞；遂其辞，则实以君子之德。是故君子耻服其服而无其容，耻有其容而无其辞，耻有其辞而无其德，耻有其德而无其行。是故君子衰绖则有哀色，端冕则有敬色，甲胄则有不可辱之色。《诗》云：'维鹈在梁，不濡其翼。彼记之子，不称其服。'⑤"

注释

①人人失其所好：译文采用孙希旦所说："仁之为道，人莫不知其可好。然鲜能胜其重，致其远，此所以人人失之也。"

②"《诗》曰"二句：引自《诗经·大雅·抑》。

③"不制以己"二句：郑玄说："以中人为制，则贤者劝勉，不及者愧耻。"

④"《小雅》曰"二句：引自《诗经·小雅·何人斯》。

⑤"《诗》云"四句：见《诗经·曹风·候人》。鹈（tí）：即鹈鹕。梁：河梁，指断水捕鱼的堰。记：今《毛诗》作"其"，二者读音相同，都是语气助词，无义。

 译文

孔子说："行仁道难以成功已经很久了。人们都找不到行仁的初衷，所以仁者的错误是很容易解释的。孔子说："举止恭顺接近于礼，生活节俭接近于义，言行诚信接近于人情，用恭敬谦让的态度来行事做人，即使有点过失，也不会太严重。恭敬谦让就会少有过失，近乎人情就会让人信赖，谦逊为人也就很容易被认可。用这样的方法做人，不也很少有吗？《诗经》说：'温良恭顺的人，是道德的基础。'"孔子说："行仁道难以成功已经很久了，唯有君子能够成功，是因为君子不用自己能做到的事情去责备人，也不用别人做不到的事情去让别人惭愧。因此，圣人在制定行为准则时，不把自己当作标准，而是使一般人能够互相劝勉、知道惭愧羞耻，来践行圣人的教诲。用礼仪节制约束他们，用诚信使他们团结，用合适的仪容来文饰他们，用得体的衣服来影响他们，用朋友之间的情义来鼓励他们，这都是想要人民专一为善。《小雅》说：'对人问心无愧，对天心中无畏。'所以君子穿上了君子的服装，就要用君子的仪容来文饰；有了君子的仪容，就要用君子的言辞来加以文饰；练就了君子的言辞，就要用君子的品德来充实。因此，君子对穿上了君子的服装

却没有君子的仪容而感到羞耻，对有君子仪容却没有君子的言辞而感到
羞耻，对有君子言辞却没有君子的道德而感到羞耻，对只有君子的道德
而没有君子的行为而感到羞耻。因此，君子穿上了丧服就会有悲哀的神
色，穿上了朝服就会有让人恭敬的神色，穿上了军服就会有不可侵犯的
神色。《诗经》说：'鹈鹕鸟儿立渔梁，居然不曾湿翅膀。那些没有德行
的官员，真不配他们穿的那身衣裳。'"

子言之："君子之所谓义者，贵贱皆有事于天下。天子亲耕，粢盛秬
鬯①以事上帝，故诸侯勤以辅事于天子。"

子曰："下之事上也，虽有庇民之大德，不敢有君民之心，仁之厚
也。是故君子恭俭以求役②仁，信让以求役礼，不自尚其事，不自尊其
身，俭于位而寡于欲，让于贤，卑己而尊人，小心而畏义，求以事君，
得之自是，不得自是，以听天命。《诗》云：'莫莫葛藟，施于条枚。凯
弟君子，求福不回③。'其舜、禹、文王、周公之谓与？有君民之大德，
有事君之小心。《诗》云：'惟此文王，小心翼翼。昭事上帝，聿怀多福。
厥德不回，以受方国④。'"

 注释

①粢盛（zīchéng）：黍稷盛放在器皿中，用来祭祀。秬鬯（jùchàng）：用
来敬神的由黑黍制成的香酒。

②役：为。

③莫莫：茂密的样子。葛藟（lěi）：葛藤。施（yì）：蔓延，延伸。条枚：
树干和树枝。回：邪僻。

④聿：语气助词，无义。怀：招徕。方国：四方诸侯之国。

 译文

孔子说："君子所说的义，指的是一个人无论身份贵贱，都要为天下

做出贡献。天子亲耕籍田，用黍稷和香酒来祭祀上天，所以诸侯也要勤勤勉勉地辅佐天子。"孔子说："在下位的侍奉在上位的，即使有了庇护民众的大德，也不敢有统治万民的心思，这是仁义忠厚的表现。因此君子恭顺谦逊以求做到仁，谦让诚信以求做到礼；不自夸自己做过的事，不自已抬高身价；对地位不奢求，欲望很少，对贤人谦让；放低自己而尊崇别人，谨慎小心而害怕不得其当，用这样的态度要求自己来侍奉国君。得意时是这样，不得意时也是这样，一切听天由命。《诗经》说：'茂茂密密的葛藤始终缠绕着树干和树枝。平易近人的君子不走邪道把福求。'大概说的就是舜、禹、文王、周公吧！他们都有治理万民的大德，又有侍奉君主的小心。《诗经》说：'周文王小心翼翼，明白怎样敬奉上帝，得到了许多福报。他的德行叫人挑不出毛病，最终得到了四方诸侯的爱戴。'"

子曰："先王谥以尊名，节以壹惠①，耻名之浮于行也。是故君子不自大其事，不自尚②其功，以求处情；过行弗率③，以求处厚；彰人之善

而美人之功，以求下贤。是故君子虽自卑而民敬尊之。"子曰："后稷^④，天下之为烈^⑤也。岂一手一足哉？唯欲行之浮于名也，故自谓便人。"

注释

①壹惠：壹，通"一"，最突出的一个优点。惠，善。

②尚：通"上"。

③率：遵循。

④后稷：周人的始祖，名弃，曾在尧舜时代做农官，教民耕种。周人认为他是开始种植稷和麦的人。

⑤烈：业。

译文

孔子说："先王通过追加谥号来尊崇死者的名声，往往是截取死者生前最突出的一个优点为依据，这是因为耻于使声名超过实际做过的事。因此，君子不夸大自己做的事，不拔高自己的功劳，以求符合实情；不重犯过失，以求宽厚待人；表彰别人的善举，赞美别人的功劳，以便让贤者居于上位。所以，君子虽然自己贬低自己，而民众却十分尊敬他。"孔子说："后稷这个人，建立的是盖世无双的功业，岂止是一两个人得到好处？只是由于他想使实际做过的事超过声名，所以自称是一个懂得种庄稼的人。"

子言之："君子之所谓仁者，其难乎！《诗》云：'凯弟^①君子，民之父母。'凯以强教之，弟以说^②安之。乐而毋荒，有礼而亲，威庄而安，孝慈而敬，使民有父之尊，有母之亲。如此而后可以为民父母矣。非至德其孰能如此乎？今父之亲子也，亲贤而下无能；母之亲子也，贤则亲之，无能则怜之。母亲而不尊，父尊而不亲。水之于民也，亲而不尊，火尊而不亲。土之于民也，亲而不尊，天尊而不亲。命之于民也，亲而不尊，鬼尊而不亲。"

注释

①凯弟（kǎitì）：凯是快乐、和乐，弟是平易。
②说：通"悦"。

译文

孔子说："君子所说的仁'，做起来是多么难呀！《诗经》上说：'快乐平易的君子，是民众之父母。'君子用快乐教人，让人自强不息；用平易安民，让人感到喜悦。让民众快乐而不荒废事业，有礼貌而相亲相爱，庄重威严而安宁，孝顺慈爱而恭敬，让民众感到既有父亲般的尊严，又有母亲般的亲切。这样做了以后才可以做民众的父母。不是因为具备至高的德行，谁能够做到这样呢？现在做父亲的亲近自己的儿子，亲近贤能的，看不起无能的。做母亲爱自己的儿子，儿子贤能就亲近他，儿子无能就怜爱他。母亲是可亲的但是不可尊的，父亲是可尊的但是不可亲的。水对于人们来说，是可亲而不可尊的，火是可尊但是不可亲的。土地对于人们来说，是可亲而不可尊的，天是可尊但是不可亲的。国君的命令对于人们来说，是可亲而不可尊的，鬼神是可尊的而不可亲的。"

子曰："夏道尊命①，事鬼敬神而远之②，近人而忠焉，先禄而后威，先赏而后罚，亲而不尊。其民之敝，蠢而愚，乔而野，朴而不文③。殷人尊神，率民以事神，先鬼而后礼，先罚而后赏，尊而不亲。其民之敝，荡而不静，胜而无耻。周人尊礼尚施，事鬼敬神而远之，近人而忠焉，其赏罚用爵列④，亲而不尊。其民之敝，利而巧，文而不惭，贼而蔽⑤。"

注释

①命：意思是政教。

②远之：孙希旦说："谓不以鬼神之道示人也。"

③敝：弊病，坏处。憃（chōng）：愚蠢。乔：通"骄"，自满，自高自大，不服从。

④爵列：爵位的等级。孔颖达说："既不先赏后罚，亦不先罚后赏，唯用爵列尊卑或赏或罚也。"

⑤贼：狡猾。蔽：蒙昧。

译文

孔子说："夏国的治国之道是尊重圣命，虽然敬奉鬼神，但却不把它当作主要的政教，虽近人情而忠诚，先用俸禄而后用威严，先用奖赏而后用刑罚，所以他们的政教可亲而不可尊。它的百姓的弊端，就是愚蠢而愚昧，骄横而粗野，朴陋而缺乏修养。殷人尊崇鬼神，国君率领百姓敬事鬼神，先敬鬼神而后用礼仪，先行惩罚而后用奖赏，所以他们的政教可尊而不可亲。它的百姓的弊端，就是心意放荡而不安静，争强好胜而不知羞耻。周人尊崇礼法，崇尚施惠，敬奉鬼神，但不把它当作政教的主要内容，其赏罚办法用爵位的高低来当作评判的标准，所以他们的政教可亲而不可尊。它的百姓的弊端，就是贪利而取巧，花言巧语而大言不惭，互相残害，互相欺骗。"

子曰："夏道未渎辞①，不求备，不大望于民②，民未厌其亲。殷人未渎礼，而求备于民。周人强民，未渎神，而赏爵、刑罚穷矣③。"子曰："虞、夏之道，寡怨于民；殷、周之道，不胜其敝。"子曰："虞、夏之质，殷、周之文，至矣。虞、夏之文不胜其质，殷、周之质不胜其文。"

① 渎：即烦琐。辞：意思是言辞，引申义为政令。

② 不求备，不大望于民：郑玄说："言其政宽，贡税轻也。"备，齐备。望，奢求。

③ 穷矣：穷尽，意思是极致。郑玄说："言其繁文备设。"

译文

孔子说："夏朝的政教，政令之词不烦琐，对人民不要求齐备，赋税较轻，人民尚怀有亲上之心。殷人的礼法不烦琐，却对人民要求齐备。周朝强制人民奉行政教，虽然

没有亵渎鬼神，但是赏赐、加爵、刑罚之类的规定却无穷无尽了。"孔子说："虞夏时期的政令，百姓很少怨恨的。殷周时期的政令，百姓不堪忍受它的弊端。"孔子说："虞夏时期的质朴，殷周时期的文饰，都已经达到了极致。虞夏时期的文饰，没有其质朴多，殷周时期的质朴没有其文饰多。"

子言之曰："后世虽有作者，虞帝弗可及也已矣。君天下，生无私，死不厚其子，子民如父母，有憯怛①之爱，有忠利之教，亲而尊，安而敬，威而爱，富而有礼，惠而能散。其君子尊仁畏义，耻费②轻实，忠而不犯，义而顺，文而静，宽而有辨。《甫刑》曰：'德威惟威，德明惟明。'非虞帝其孰能如此乎？"

注释

① 憯怛（cǎndá）：忧伤悲苦。
② 费：意思是辞费。所谓光说不做，叫作辞费。

译文

孔子说："后代虽有明君复起，却再也赶不上虞舜了。他君临天下，生前大公无私，死后也没有厚待他的儿子，也不把帝位传给儿子；视子民为父母，既有替百姓担忧的慈爱，也有切实利民的教育；让人民亲近而又不失尊严，安乐而又不失恭敬，威严而又慈爱，富有却彬彬有礼，惠利于民而无所偏向。他手下的大臣也都尊崇仁爱，以光说不做为可耻，重人而轻财，对国君忠心耿耿而不犯上，忠义而又顺从，文雅而又沉静，宽容而有分寸。《甫刑》上说：'道德的威严才会使人敬畏，道德的贤明才会使人尊敬。'除了虞舜还有谁能做到这样呢？"

子言之："事君先资①其言，拜自献其身，以成其信。是故君有责于其臣，臣有死于其言。故其受禄不诬，其受罪益寡。"子曰："事君，大言入则望大利，小言入则望小利。故君子不以小言受大禄，不以大言受小禄。《易》曰：'不家食，吉②。'"

注释

① 资：谋虑，考虑好。
② 不家食，吉：国君有巨大的财富，不仅与家人分享，还与贤人分享，吉利。

译文

孔子说："侍奉君主前要先考虑好自己要说的话，受君命而献出自己的所有，来实现自己说过的话。因此国君可以责成臣下，而臣下可以为了实现自己的诺言而付出生命。因此臣子的受禄不是无功受禄，能够做到言行相符，其受惩罚也就越小。孔子说："侍奉君主进言大的建议如果被采纳，就希望得到大的利益，进言小的建议如果被采纳，就希望得到小的利益。所以君子不能因为小建议被采纳而接受重赏，也不能因为大建议被采纳而接受轻赏。《易经》说：'国君有巨大的财富，不仅与家人分享，还与贤人分享，吉利。'"

子曰："事君不下达，不尚辞，非其人弗自。《小雅》曰：'靖共尔位，正直是与。神之听之，式穀以女①。'"子曰："事君远而谏，则谄也，近而不谏则尸利也。"子曰："迩臣守和，宰②正百官，大臣虑四方。"子曰："事君欲谏不欲陈③。《诗》

221

云：'心乎爱矣，瑕不谓矣？中心藏之，何日忘之④？'"子曰："事君难进而易退，则位有序；易进而难退，则乱⑤也。故君子三揖而进，一辞而退，以远乱也。"子曰："事君三违而不出竟⑥，则利禄也。人虽曰不要⑦，我弗信也。"子曰："事君慎始而敬终。"子曰："事君可贵可贱，可富可贫，可生可杀，而不可使为乱。"

①"靖共尔位"至"式穀以女"：认真做好本职工作，只和正派的人亲近。神明听到这些，就会赐给你福禄。靖，谋划。共，通"恭"，恭敬。与，亲近。式，用。穀，福禄。

②宰：冢宰，宰相。

③陈：意思是对外宣扬。

④"心乎爱矣"至"何日忘之"：心里爱着君子，为什么不讲出来？内心深处总是希望他好，何尝有一天忘掉！瑕，胡、为什么。藏，通"臧"，善。

⑤乱：混乱，这里指贤德与否难以区分。

⑥竟：通"境"。

⑦要：通"徼"，求得。

孔子说："侍奉君主不能用私事去麻烦君主，不说华而不实的话，不是正直的人引见就不谋求进身。《小雅》说：'恭敬认真地完成你的工作，和端正、正直的人交往。神明听到这些，就会赐给你福禄。'"孔子说："侍奉君主的时候，与君主疏远的人越级进谏，就有谄媚的嫌疑；在君主身边的人不进谏，就像祭祀中的尸一样只受享祭而无所作为。"孔子说："辅佐君主，近臣要尽协调君主事务的责任，冢宰负责整饬百官，卿大夫等大臣负责谋虑天下的事。"孔子说："侍奉君主，可以对君主的过失进谏，但不能对外宣扬。《诗经》说：'心里爱着君子，何不说出来？心里希望他好，哪一天能忘掉？'"孔子说："侍奉君主，如果是进位困难而降级容易，那么臣子的贤德与否就很好区分了；如果是进位容易而降级困难，那么臣子的贤德与否就混淆没有区别了。因此，君子做客，一定要对主人三次揖让之后才可以进门，而告辞一次就可离去，以此来远离混乱。"孔子说："侍奉君主，如果多次与君主政见不合，还不肯离开国境，那是因为贪图利益、俸禄。有的人即使说他没有这个念头，我也不相信。"孔子说："侍奉君主，要从谨慎开始，以恭敬告终。"孔子说："侍奉君主，君主可以让臣子升官或者降级，可以让臣子富有或者贫穷，可以让臣子活着或者死去，但就是不可以使臣下做出非礼之事。"

子曰："事君军旅不辟①难，朝廷不辞贱。处其位而不履其事，则乱也。故君使其臣，得志则慎虑而从之，否则孰虑而从之，终事而退，臣之厚也。《易》曰：'不事王侯，高尚其事。'②"子曰："唯天子受命于天，士受命于君。故君命顺则臣有顺命，君命逆则臣有逆命。《诗》曰：'鹊之姜姜，鹑之贲贲。人之无良，我以为君③。'"

 注释

①辟：通"避"，躲避。

②"《易》曰"二句：引自《周易·蛊卦》。

③"鹊之姜姜"至"我以为君"：大鸟争斗于上，小鸟也跟着争斗于下。做人而无好品行，还要把他当国君。姜姜、贲贲：都是激烈争斗的样子。本句出自《诗经·鄘风·鹑之奔奔》。

 译文

孔子说："侍奉君主，在军旅之中不逃避艰难的任务；在朝堂之上不推辞微贱的职位。处在某个职位上却不做这个职位该做的事，就会发生

混乱。因此国君差使自己的臣子，君命与臣子的志向相符合，臣子经过
慎重考虑而听从国君的命令；君命虽然不符合臣子的志向，臣子深思熟
虑后依然听从国君的命令。完成了差使以后就应及时退出，这是臣子忠
厚的地方。《易经》说：'不再侍奉王侯，王侯还称赞臣子所做的事。'"
孔子说："天子受命于天，臣子受命于天子。如果天子顺应天命，那么臣
子也应顺应天命；如果天子违背天命，那么臣子也应违背天命。《诗经》
说：'大鸟争斗于上，小鸟也跟着争斗于下。做人没有良好的品行，我们
还要让他当国君。'"

子曰："君子不以辞尽
人①，故天下有道，则行有
枝叶；天下无道，则辞有
枝叶②。是故君子于有丧者
之侧，不能赙③焉，则不问
其所费；于有病者之侧，
不能馈④焉，则不问其所
欲；有客不能馆，则不问
其所舍。故君子之接如水，

小人之接如醴⑤。君子淡⑥以成，小人甘以坏。《小雅》曰：'盗言孔甘，
乱是用餤⑦。'"

 注释

①君子不以辞尽人：君子评价一个人，不是仅仅根据他的言辞。
②故天下有道，则行有枝叶；天下无道，则辞有枝叶：孙希旦说："行有
枝叶，则行有余于其言；言有枝叶，则言有余于其行。"
③赙（fù）：送财物助人办丧事。
④馈：赠送食物。

⑤醴：甜酒。

⑥淡：无酸酢而少味。

⑦盗言孔甘，乱是用餤：坏人说话非常甜，所以乱子更增添。孔，很。餤（tán），进。

 译文

孔子说："君子不能仅仅根据一个人的言辞来评价他，所以在天下太平的时候，人们注重实际行动的多，说漂亮话的少；在天下混乱的时候，人们注重说漂亮话的多，付诸实际行动的少。因此君子在有丧事的人旁边，如果不能对他办丧事有资助，就不要问他要花费多少；君子在生病的人旁边，如果不能对他有所馈赠，就不要问他想要什么；如果有客人来访而自家不能留宿，就不要问他在什么地方落脚。所以君子之间的交往就像清淡的水；小人之间的交往就像浓郁的甜酒。君子之交虽然清淡得像水，但能相辅相成；小人之交虽然浓郁得像甜酒，但时间久了必然败坏。《小雅》说：'坏人说话非常甜，所以祸乱更严重。'"

子曰："君子不以口誉人，则民作忠。故君子问人之寒则衣之，问人之饥则食之，称人之美则爵之。《国风》曰：'心之忧矣，于我归说①。'"子曰："口惠而实不至，怨菑及其身。是故君子与其有诺责也，宁有已怨②。《国风》曰：'言笑晏晏，信誓旦旦。不思其反，反是不思，亦已焉哉③！'"子曰："君子不以色亲人。情疏而貌亲，在小人则穿窬之盗也与？"子曰："情欲信，辞欲巧。"

 注释

①心之忧矣，于我归说：我心里是多么忧虑啊，还是同我一起到那些忠信的君子那里去吧。说（shuì），止息。

②已怨：拒绝别人而招致怨恨。

③ "言笑晏晏"至"亦已焉哉"：从前你言笑多温柔，既发誓又赌咒。现在你又变了心，海誓山盟全忘完，从此一刀就两断！晏晏，温柔的样子。不思，想不到。反，反复、变心。是，这，指赌咒发誓。

译文

　　孔子说："君子不说虚伪的话恭维人，百姓中就会兴起忠诚的风气。因此，君子询问别人是否寒冷，就要送衣服给别人穿；询问别人是否饥饿，就要送食物给别人吃；称赞别人有美德，就要给他爵位。《国风》说：'我心里是多么忧虑啊，还是同我一起到那些忠信的君子那里去吧。'"孔子说："许诺给别人好处却不兑现，怨恨和灾祸就会累及自己身上。因此，君子与其对人负有承诺的责任，还不如承受拒绝承诺的埋怨。《国风》说：'从前你言笑多温柔，发下誓言表示诚恳。想不到你却变了心，违反誓言不思量，从此一刀两断！'"孔子说："君子不用虚假的表情去讨好别人。感情疏远但是外表亲密，以小人来做比喻，不就是钻墙洞的小偷吗？"孔子说："感情要真实，言辞要讲究技巧。"

儒行

"儒有衣冠中①，动作慎，其大让如慢②，小让如伪③，大则如威，小则如愧④，其难进而易退也⑤，粥粥⑥若无能也。其容貌有如此者。

注释

①衣冠中（zhòng）：穿衣戴帽合乎礼的要求。

②大让：在大事情上，比如国家和天下的谦让。如慢：就好像傲慢一样。

③小让：在小事情上，比如饮食和升降的谦让。如伪：就好像矫情虚伪一样。

④大则如威，小则如愧：在处理大问题时，战战兢兢，如履薄冰；在处理小问题时，非常恭谨，好像心中有愧。

⑤其难进而易退也：让他们去争取利益比较困难，让他们放弃利益倒是比较容易。

⑥粥粥（yù）：形容谦卑的样子。

译文

"儒者的穿衣戴帽合乎礼的要求，行动和作为非常谨慎。在大事情上的谦让，让人觉得有傲慢之感。在小事情上的谦让，让人觉得有虚伪、做作之感。处理大事非常谨慎，如同有所畏惧。处理小事，非常恭谨，如同心怀愧疚。他们难于躁进而易于谦让，自卑谦让得像是没有才能的人。儒者的容貌就是这样的。

"儒有居处齐难①，其坐起恭敬，言必先信②，行必中正③。道涂不争险易之利④，冬夏不争阴阳之和⑤。爱其死⑥以有待也，养其身以有为也。其备豫⑦有如此者。

注释

① 齐难（zhāinǎn）：齐，通"斋"。"齐难"和下文的"恭敬"是同义词，都有"严肃、恭敬"的意思。

② 先信：首先讲诚信。

③ 中（zhòng）正：合乎规矩，符合正道。

④ 险易之利：指路途的难走好走带来的方便。

⑤ 冬夏不争阴阳之和：指夏天不与人争阴凉处，冬天不与人争太阳地儿。

⑥ 爱其死：爱惜生命。同下文的"养其身"一个意思。

⑦ 备豫：指考虑问题能瞻前顾后。

译文

"儒者的住处和生活都庄重小心，他们或坐或站都恭恭敬敬，说话首先要讲究诚信，做事情也要合乎正道和规矩。在路上走路，不和别人争夺路途的难走好走带来的方便，冬天和夏天不和别人争夺有太阳的或者阴凉的地方。儒者爱惜生命来等待时机，养精蓄锐以备有所作为。儒者考虑问题能瞻前顾后，就是这样的。

"儒有不宝金玉^①，而忠信以为宝；不祈^②土地，立义以为土地；不祈多积^③，多文^④以为富；难得而易禄也^⑤，易禄而难畜^⑥也。非时不见^⑦，不亦难得乎？非义不合^⑧，不亦难畜乎？先劳而后禄^⑨，不亦易禄乎？其近人^⑩有如此者。

 注释

① 不宝金玉：不把金子和玉器当作宝物。

② 祈：祈求，贪图。

③ 积：指积攒财富。

④ 文：指《诗》《书》六艺之文，相当于今天的书本知识。

⑤ 难得：指儒者难以求得，不容易邀请出山。易禄：不在乎高官厚禄。

⑥ 难畜：很难留住。

⑦ 非时不见（xiàn）：不是可以有所作为的时候，就隐居不仕。

⑧ 非义不合：国君没有道义，他就与国君分道扬镳，辞职不干。

⑨ 先劳而后禄：先说工作而后说报酬。

⑩ 近人：待人接物。

 译文

"儒者不把金子和玉器当作宝物，而把忠诚和信义当作宝贵的东西；他们不贪图土地，树立起道义把它当作土地；他们不贪图多积蓄财富，把多掌握知识当作财富。想要请儒者出来做官很困难，因为他们轻视高官厚禄；因为他们轻视高官厚禄，就算请出来也难以长期留住。不是能够有所作为的时候，就不出山做官，这不也是说儒者难求吗？国君没有道义，他就与国君分道扬镳，这不也是说儒者难以长期留住吗？他们首先考虑的是辛劳的工作，然后才说俸禄，这不也是说并不在乎俸禄吗？儒者待人接物就是这样的。

"儒有委①之以货财，淹之以乐好②，见利不亏其义；劫之以众③，沮之以兵④，见死不更其守⑤；鸷虫攫搏⑥，不程勇者⑦；引重鼎⑧，不程其力⑨；往者不悔，来者不豫⑩；过言不再⑪，流言不极⑫；不断其威，不习其谋⑬。其特立⑭有如此者。

注释

① 委：积聚。

② 淹之以乐好：意思是不间断地用声色犬马去诱惑儒者。淹，浸渍，这里是"引诱"的意思。

③ 劫之以众：意思是用人多势众去威胁他。

④ 沮之以兵：用武器来恐吓他。

⑤ 更：改变。守：操守，信仰。

⑥ 鸷虫：凶禽猛兽。攫搏：和凶禽猛兽搏斗。

⑦ 不程勇者：意思是不估量一下自己的勇武。程，估量。

⑧ 引重鼎：比喻任务艰巨。引，举。

⑨ 不程其力：不估量一下自己的力量。

⑩ 往者不悔，来者不豫：认准了的事做过了从不后悔，尚未做的也不考虑那么多。豫，预备。

⑪ 过言不再：说错了的话就不会说第二次。

⑫ 不极：意思是不穷追流言从哪里来。

⑬ 不习其谋：意思是拿定主意的事，说干就干，不优柔寡断。

⑭ 特立：与众不同。

译文

"对于儒者，把许多财物堆放在他面前，不间断地用声色犬马去诱惑他，他也不会见到利益而忘了道义；就算人多势众去威胁他，用武器来恐吓他，他宁愿去死也不会改变自己的操守；和凶禽猛兽搏斗，他不估量自己的勇武是否能够担当；举重鼎时，他也不会估量自己的力量是否能够胜任；认准了的事做过之后就从不后悔，尚未做的也不考虑过多；说错的话就不会说第二次，不穷追流言从哪里来；时刻保持威严，拿定主意的事，说干就干，绝不优柔寡断。儒者做事与众不同就是这样的。

"儒有可亲而不可劫①也，可近而不可迫也，可杀而不可辱也。其居处不淫②，其饮食不溽③，其过失可微辨而不可面数也④。其刚毅有如此者。

注释

① 劫：指威胁。
② 淫：指奢侈豪华。
③ 溽：浓厚。
④ 微辨：私下分辨指正。面数：当面数说。

译文

"儒者可以亲密而不可以威胁，可以亲近而不可以强迫，可以杀戮而不可以羞辱。儒者的生活住处不讲究奢侈豪华，饮食也不过分追求滋味，儒者的过失可以在私下予以指出而不可以当面数落。儒者的刚强坚毅就是这样的。

"儒有忠信以为甲胄①，礼义以为干橹②；戴仁而行，抱义而处③；虽有暴政，不更其所④。其自立有如此者。

注释

① 忠信以为甲胄：把忠信当作甲胄。甲胄，铠甲和头盔。
② 干橹：盾牌。干和橹都指盾牌，区别在于橹比干大。

③戴仁而行，抱义而处：无论是出门，或者是在家，都时时刻刻谨守着仁义。本句为互文见义。

④不更其所：不改变自己的志向。

译文

"儒者把忠信当作铠甲和头盔，把礼义当作盾牌；无论是行走，还是驻足休息，都时刻谨守着仁义；即使遇到暴政的对待，也不改变自己的志向。儒者的自立就是这样的。

"儒有今人与居，古人与稽①；今世行之，后世以为楷；适弗逢世②，上弗援，下弗推，谗谄之民，有比党而危之者③，身可危也，而志不可夺也④；虽危⑤，起居竟信其志⑥，犹将不忘百姓之病⑦也。其忧思有如此者。

注释

①儒有今人与居，古人与稽：儒者虽然与现今的人生活在一起，但其言行却与古人相合。

②适弗逢世：生不逢时。刚好没有遇上明治之世。

③上弗援，下弗推，谗谄之民，有比党而危之者：在上位的人不拉他一把，在下

位的人也不推荐一下，那些说坏话、拍马屁的人，还要勾结起来算计他。比党，结党营私。

④身可危也，而志不可夺也：能危害他的身体，却绝对改变不了他的志向。

⑤虽危：即使处境险恶。

⑥起居竟信其志：一举一动还想着施展自己的抱负。信，伸。

⑦病：困苦。

 译文

"儒者虽然和现今的人生活在一起，但他的言行思想却和古代的君子相合；他现在做的事情，后世将奉为楷模。刚好没有遇到明治之世，君上不用他，下民也不推举他，那些说坏话、善拍马的人，还要勾结起来算计他。这只能危害他的身体，却无法改变他的志向。即使处境险恶，他的一举一动也还想着施展自己的抱负，仍然不忘百姓的困苦。儒者的忧民意识就是这样的。

"儒有博学而不穷①，笃行而不倦；幽居而不淫②，上通而不困③。礼之以和为贵，忠信之美④，优游之法⑤，举贤而容众⑥，毁方而瓦合⑦。其宽裕⑧有如此者。

 注释

①不穷：指不停止学习。

②幽居而不淫：独自一人隐居，也不做邪辟之事。

③上通而不困：飞黄腾达时力行正道。

④忠信之美：以忠信为美德。

⑤优游之法：效法和柔。

⑥举贤而容众：既能推举贤人君子，又能接纳普通百姓。

⑦毁方而瓦合：意思是儒者既有原则性，又有灵活性。

⑧宽裕：谓胸襟开阔。

译文

　　"儒者广泛地学习而没有穷止之时；坚定地施行道义而不知疲倦。独自一人隐居，也不做邪辟的事情，即使飞黄腾达，也不背离正道。礼的规定就是看重和谐，把忠诚和诚信作为美德，效法从容不迫。既能推举贤人君子，也能接纳普通百姓；儒者既不孤芳自赏，也能和百姓合得来。儒者的胸襟宽阔就是这样的。

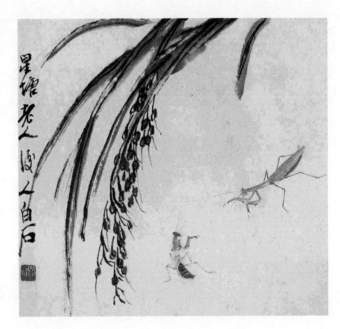

　　"儒有闻善以相告也，见善以相示也；爵位相先[1]也，患难相死[2]也；久相待也[3]，远相致也[4]。其任举[5]有如此者。

注释

　　① 相先：互相谦让。

　　② 患难相死：灾祸临头，首先考虑自己献身。

　　③ 久相待也：朋友长期不得志，自己就不单独出来做官。

　　④ 远相致也：谓己得明君而仕，而朋友在远方他国不得志，则要设法将朋友招来一同出仕。

　　⑤ 任举：委任和推荐。

 译文

"儒者听到了有益的话便要互相告诉对方，看到了有益的事便要互相指给对方。爵位有了空缺，互相谦让；灾祸临头，首先考虑自己献身。朋友如果长期不得志，自己就不单独出来做官；如果自己得明君而出仕，朋友在远方他国不得志，自己就要设法把他招来一同出仕。儒者任用和举荐贤能的人就是这样的。

"儒有澡身而浴德①，陈言而伏②，静而正之③，上弗知也④，粗而翘之，又不急为也⑤；不临深而为高，不加少而为多⑥；世治不轻，世乱不沮⑦；同弗与，异弗非也⑧。其特立独行⑨有如此者。

 注释

①澡身而浴德：注重洁身自好和品德修养。

②陈言而伏：陈述己言，伏听君命。

③静而正之：意思是不露痕迹地向国君进谏。

④上弗知也：国君对自己的善言未加重视。

⑤粗而翘之，又不急为也：意思是察言观色，在适当的时候委婉地提醒国君，又不能操之过急。

⑥不临深而为高，不加少而为多：不在地位较低的人面前自高自大，不在功劳较少的人面前自夸功高。郑玄认为：不临深而为高，临众不以己位尊自振贵也。不加少而为多，谋事不以己小胜自矜大也。

⑦世治不轻，世乱不沮：遇到盛世也不自惭形秽；遇到乱世也不沮丧、放弃信念。

⑧同弗与，异弗非也：对观点相同的人不随便吹捧，对观点不同的人不妄加非议。与，赞扬。

⑨特立独行：不同一般。

译文

"儒者能够洁身自好，重视自己的道德修养。向国君陈说自己的观点而恭敬地听从国君的命令，不露痕迹地向国君进谏。如果国君不采纳自己的进谏，就在适当的时候委婉地提醒国君，又不操之过急。在地位较低的人面前不自高自大，在功劳较少的人面前不自夸功高。遇到盛世，（群贤并处而）不自惭形秽；遇到乱世也不因为沮丧而放弃信念。与自己观点相同的人不随便吹捧，与自己观点不同的人不妄加非议。儒者品德的不同一般就是这样的。

"儒有上不臣天子，下不事诸侯；慎静而尚宽①，强毅以与人②，博学以知服③；近文章④，砥厉廉隅⑤；虽分国，如锱铢⑥，不臣不仕。其规为⑦有如此者。

注释

①慎静而尚宽：性情慎静而崇尚宽和。

②以：连词，相当于"而"。与人：称赞他人。

③博学以知服：学问渊博而能服膺胜于己者。

④近文章：意思是多读圣贤经传这样的书。

⑤砥厉廉隅：磨炼品德气节。

⑥虽分国，如锱铢：即使是要把整个国家分给他，在他看来也不过是芝麻般的小事而不为动心。郑玄注："虽分国，如锱铢，言君分国以禄之，视之轻如锱铢矣。"锱铢（zīzhū），古代重量单位，形容非常微小。

⑦规为：行为、做事方正。

译文

"儒者向上不臣服、侍奉天子，向下不侍奉诸侯。性情谨慎安静，而又崇尚宽和；性格坚强刚毅，又能从善如流；学问渊博，而能服膺胜于自己的人。多读圣贤经传这样的书，来磨炼自己的品德和气节。即使把整个国家分给他，对他来说也是锱铢那样的小事，而不会为此动心，不会因此就出来称臣做官。儒者的行为方正就是这样的。

"儒有合志同方①，营道同术②；并立③则乐，相下不厌④；久不相见，闻流言不信⑤。其行本方立义⑥，同而进，不同而退⑦。其交友有如此者。

①合志同方：志向和理想相同，也可说是志同道合。

②营道同术：做学问的方法相同。术，道路。

③并立：彼此都获得了成就。

④相下：彼此有了差距。不厌：不嫌弃。

⑤闻流言不信：听到了有关对方的流言蜚语，也绝不相信。郑玄注："不信其友所行如毁谤也。"

⑥其行本方立义：他们的行为基础建立在方正以及道义上。

⑦同而进，不同而退：合乎这一点就是朋友，违背这一点就退而远之。

"儒者交友，和朋友有相同的志向，做学问也有相同的方法；彼此都取得了成就则皆大欢喜，彼此有了差距也互不嫌

弃；就算彼此很久不相见，如果听到了有关对方的流言蜚语，也绝不相信。他们的行为基础建立在方正和道义上，有此共同基础的人，就进而结交；没有此共同基础的人，就退而远之。儒者的交友就是这样的。

　　"温良者，仁之本也。敬慎者，仁之地①也。宽裕②者，仁之作③也。孙接④者，仁之能⑤也。礼节者，仁之貌⑥也。言谈者，仁之文⑦也。歌乐⑧者，仁之和也。分散⑨者，仁之施也。儒皆兼此而有之，犹且不敢言'仁'也。其尊让有如此者⑩。

注释

　　① 地：立足之地，落足点。
　　② 宽裕：胸襟开阔。
　　③ 作：兴起，发作。
　　④ 孙接：谦逊地待人接物。孙，通"逊"，谦逊。
　　⑤ 能：能力，才能。
　　⑥ 貌：外表。
　　⑦ 文：文采。
　　⑧ 歌乐（yuè）：唱歌、跳舞，音乐。
　　⑨ 分散：指有福同享。
　　⑩ 其尊让有如此者：儒者的重视谦让就是这样的。郑玄注："此兼上十有五儒，盖圣人之儒行也。孔子嫌若斥己，假仁以为说。仁，圣之次也。"

译文

　　"温厚善良，是仁的根本；恭敬谨慎，是仁的立足之地；胸襟开阔，是仁的发扬；谦逊地和人交往，是仁的能力；有礼有节，是仁的外表；说话谈笑，是仁的文采；唱歌跳舞，是仁的和谐；有福同享，是仁的施行。以上种种美德，儒者全都具备了，还不敢说自己符合仁的要求。儒者的重视谦让就是这样的。

"儒有不陨获①于贫贱，不充诎②于富贵，不慁君王，不累长上，不闵有司③，故曰儒。今众人之命儒也妄，常以儒相诟病④。"

 注释

① 陨获：形容困顿失意的样子。

② 充诎（qū）：形容骄奢失节的样子。

③ 不慁（hùn）君王，不累长上，不闵有司：不因为国君的侮辱、卿大夫的掣肘、官员们的刁难而改变节操。慁，污辱。闵，困迫。

④ 令众人之命儒也妄，常以儒相诟病：现在众人所说的儒者有名无实，所以常常遭到侮辱。命，名。妄，虚妄。诟病，侮辱。

 译文

"儒者不因为贫贱而困顿失意，不因为富贵而欢喜失节，不因为国君的侮辱、卿大夫的牵制、大臣们的刁难而违背自己的道义，改变自己的节操，所以才叫作儒。现在众人所说的儒者徒有虚名而没有儒的实质，所以常常遭到羞辱。"

大学

　　大学①之道，在明明德②，在亲民③，在止于至善④。知止而后有定⑤，定而后能静⑥，静而后能安⑦，安而后能虑⑧，虑而后能得⑨。物有本末，事有终始，知所先后，则近道⑩矣。

注释

　　① 大学：大人之学，指治国平天下的学问。

　　② 明明德：第一个"明"，动词，使……彰明。第二个"明"，形容词，光明的、光辉的。

　　③ 亲民：程颐说"亲"当作"新"，革新、自新，使人弃旧图新，弃恶扬善。亲民，有"教化、引导人民"之意。

　　④ 至善：最高境界的善。

　　⑤ 知止：知道目标所在。定：定向，志向。

　　⑥ 静：指心无杂念。

　　⑦ 安：安于自己的信念、信仰。

　　⑧ 虑：考虑事情周详。

　　⑨ 得：意思是达到至善境界。

　　⑩ 道：此处代指上文的"大学的宗旨"。

译文

　　大学的宗旨，在于使自身的光明之德彰明，在于使人民弃旧图新，在于使人达到最高境界的善。知道了要达到的境界才能确定志向，确定了志向才能心无杂念，心无杂念才能安于信仰，安于信仰才能虑事周详，虑事周详才能达到至善的境界。万物都分根本和末节，凡事都有开始和结束。知道了做事情的先后顺序，就接近于大学的宗旨了。

古之欲明明德于天下者①，先治其国；欲治其国者，先齐②其家；欲齐其家者，先修③其身；欲修其身者，先正其心④；欲正其心者，先诚其意；欲诚其意者，先致其知⑤；致知在格物⑥。物格而后知至⑦，知至而后意诚，意诚而后心正，心正而后身修，身修而后家齐，家齐而后国治，国治而后天下平。自天子以至于庶人，壹是⑧皆以修身为本，其本乱而末治者否矣⑨。其所厚者薄，而其所薄者厚，未之有也⑩！此谓知本，此谓知之至⑪也。

 注释

① 古之欲明明德于天下者：古代的想要在全天下彰明光明的品德的人。
② 齐：治理。
③ 修：修养，整治。
④ 心：内心。
⑤ 致其知：使自己获得知识。
⑥ 格物：探究万事万物的事理。
⑦ 知至：内心拥有对事物的知识。
⑧ 壹是：一概，都是。
⑨ 本：根本，此处指修身。末：末节，此处指齐家、治国、平天下。
⑩ 其所厚者薄，而其所薄者厚，未之有也：比喻本应下大力气的地方却没有下，而不该下力气的地方却下了力气，这样做而希望得到好的结果，还没有过这样的事。
⑪ 知之至：这就是能够知道的极限了吧，也可说是最高的智慧。

译文

古代的想要在全天下彰明光明的德行的人，先要治理好自己的国家；想要治理好自己的国家，就要先管理好自己的家庭、家族；想要管理好自己的家庭、家族，就要先修养好自身的品  德；想要修养好自身的品德，就要先端正自己的内心；想要端正自己的内心，就要先使自己的意念真诚；想要使自己的意念真诚，就要先使自己获得知识；获得知识的途径在于探究世间万物的事理。探究世间万物的事理之后才能获得知识，获得知识后才会意念真诚，意念真诚才能使自己的内心端正，自己的内心端正才能修养好自身的品德，自身品德修养好了才能使家庭、家族管理得好，家庭、家族管理得好才能使国家得到治理，国家得到治理才能使天下安宁、太平。从天子到普通百姓，这些人都要把自身修养品德的问题当作根本问题，如果这个根本问题没有做好，而要使家庭、国家、天下都能够治理好，那是不可能的。该下力气的地方没有下，而不该下力气的地方却下大力气，这样做而希望得到好的结果，还没有过这样的事。这就叫作知道事情的根本，这就是能够知道的极限了吧。

所谓诚其意者，毋自欺也。如恶恶臭①，如好好色②，此之谓自谦③。故君子必慎其独也！小人闲居为不善，无所不至，见君子而后厌然④，揜其不善而著其善⑤。人之视己，如见其肺肝然，则何益矣⑥！此谓诚于中，形于外，故君子必慎其独也。

 注释

①如恶（wù）恶（è）臭（xiù）：就像厌恶臭秽的气味而嘴上不讲。前一个"恶"，动词，厌恶。

②如好（hào）好（hǎo）色：就像喜欢美色而佯装讨厌。前一个"好"，动词，喜好。

③自谦（qiè）：自我满足。谦，通"慊"，满足、满意。

④厌（yǎn）然：躲躲藏藏、掩饰真相的样子。厌，通"黡"，闭藏的样子。

⑤揜其不善而著其善：掩盖他做过的坏事，而炫耀他做过的好事。揜，通"掩"。

⑥"人之视己"三句：其他人在看待他的时候却能看得清清楚楚，就如同见到了他的五脏六腑一样，这样做又有什么好处呢？

 译文

所谓意念真诚，就是不要自己欺骗自己。这就像是厌恶难闻的气味，又好比喜欢美色，这叫作自我满足。所以君子独自一人的时候也一定要谨慎小心。小人在独自一人的时候会做坏事，什么坏事都做得出来，见到君子后躲躲藏藏，掩藏起他做过的坏事，宣扬出他做过的好事。但是周围的人看他，就像能看见他的肺和肝一样，那些掩饰或者宣扬又有什么好处呢？这就叫作内心有什么想法，必然要从行动上体现出来，所以君子在独自一人的时候一定要谨慎小心啊。

曾子曰："十目所视，十手所指，其严乎①！"富润屋，德润身，心广体胖②，故君子必诚其意。

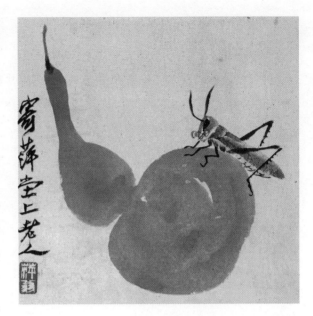

注释

①十目所视，十手所指，其严乎：（尽管你是独自一人，但）很多眼睛在看着你，很多手在指着你，这多么让人敬畏啊！严，严厉、令人畏惧。

②富润屋，德润身，心广体胖（pán）：意思是人的贫富可以从其住所看出来，人的道德水平可以从其行动看出来，心胸宽广自然身体舒泰。润屋，装饰住所。润身，修炼自己。

译文

曾子说过："（尽管你是独自一人，但）众多的眼睛在看着你，众多的指头在指着你，这多么让人敬畏啊！"财富能修饰房屋，道德能够修炼自己，心胸宽广，自然身体安适舒泰。所以君子（就算是独自一人）也一定要意念真诚。

《诗》云："瞻彼淇澳，菉竹猗猗。有斐君子，如切如磋，如琢如磨。瑟兮僩兮，赫兮喧兮。有斐君子，终不可喧兮①！""如切如磋"者，道学②也；"如琢如磨"者，自修③也；"瑟兮僩兮"者，恂栗④也；"赫兮喧兮"者，威仪也；"有斐君子，终不可谊兮"者，道盛德至善，民之不能忘也。

注释

①"瞻彼淇澳"至"终不可喧兮"：看那弯弯的淇水岸边，菉竹郁郁葱葱。有位风度高雅的君子，好像切磋过的象牙，好像琢磨过的美玉。庄严而又威武，显赫而又坦荡。风度高雅的君子，教人始终难忘。淇，水名。澳（yù），弯曲的河岸。菉竹，荩草。猗猗（yī），茂盛的样子。有斐，有文采的样子。瑟，矜持端庄的样子。倜（xiàn），威武的样子。喧，通"宣"，坦荡的样子。谖（xuān），今《诗》作"谖"，又作"萱"，忘记。

②道学：讨论学习。

③自修：修养自己的德行。

④恂栗：形容严谨的样子。

 译文

《诗经》上说："看那淇水岸边弯弯的河岸，荩草茂盛，郁郁葱葱。有位风度高雅的君子，好像切磋过的象牙，好像琢磨过的美玉。庄严而又威武，显赫而又坦荡。风度高雅的君子，叫人难以忘怀。""如切如磋"是说讨论学习，"如琢如磨"是说修养自身品德，"瑟兮倜兮"是说君子的内心恭敬谨慎，"赫兮喧兮"是说君子的外表庄严威武，"有斐君子，终不可谖兮"是说君子的道德尽善尽美、风度高雅，让老百姓始终难忘。

《诗》云："於戏，前王不忘[①]！"君子贤其贤而亲其亲，小人乐其乐而利其利，此以没世不忘也[②]。

 注释

①於戏，前王不忘：呜呼！前代圣王的美德使人难忘。前王，指周文王、周武王等前代圣王。

②"君子贤其贤而亲其亲"至"此以没世不忘也"：因为君子在前代圣王那里学会了尊重贤人和亲近家人，小人从前代圣王那里享受到快乐和得到实惠，

因此在前代圣王去世以后，无论是谁都对他念念不忘。

 译文

《诗经》说："呜呼！前代圣王的美德让人难以忘记。"君子从前代圣王那里学到了尊重贤人和亲近家人，小人从前代圣王那里享受到快乐和得到实惠，因此，谁都对他念念不忘。

汤之盘铭曰："苟日新，日日新，又日新。"①《康诰》曰："作新民②。"《诗》曰："周虽旧邦，其命惟新③。"是故君子无所不用其极④。《诗》云："邦畿千里，惟民所止⑤。"《诗》云："缗蛮黄鸟，止于丘隅⑥。"子曰："于止⑦，知其所止，可以人而不如鸟乎？"《诗》云："穆穆文王，於缉熙敬止⑧！"为人君，止于仁⑨；为人臣，止于敬；为人子，止于孝；为人父，止于慈；与国人交，止于信。

 注释

① 汤之盘铭曰："苟日新，日日新，又日新。"：商汤的盥洗的盆上镌刻的铭文说："如能一日自新，就应日日自新，每日自新。"表面上说的是身体的自新，实际上隐含着精神上的自新。

② 作新民：指鼓励殷人消除纣时的恶俗，洗心革面，重新做人。

③ 周虽旧邦，其命惟新：姬周虽然原来是殷商的诸侯国，但已受天命取代殷商为天子。

④ 君子无所不用其极：君子在日新其德方面是十分努力的。

⑤ 邦畿千里，惟民所止：天子辖地千里，都是百姓安居之所。邦畿，王城及其所属周围千里的地域。

⑥ 缗蛮黄鸟，止于丘隅：黄鸟声声鸣，止息在山丘偏僻处。

⑦ 于止：鸟在何处休息。清代学者认为，于，盖乌字之误，鸟初误为乌，而乌又写作'於'耳。於者，乌之古文也。

⑧ 穆穆文王，於缉熙敬止：端庄恭敬的文王啊！光明磊落，知其所当自。

於（wū），叹美声。缉熙，光明。

⑨止于仁：要把"仁"字做到止于至善的地步。

译文

商汤的盥洗的盆上镌刻着自勉的铭文："如果每日都能够洗去身上的污垢，使身体焕然一新，就能够日日自新，每日自新。"《康诰》上说："要弃恶从善，重新做人。"《诗经》上说："周虽然本来是殷的诸侯国，但已经接受天命取代殷商成为新朝的天子。"因此，君子为了能在日新其德方面有所进步是十分努力的。《诗经》上说："天子辖地千里，都是百姓安居之所。"《诗经》上又说："小小的黄鸟，止息在山丘偏僻处。"孔子说："鸟儿都知道应该在何处止息，难道人还不如鸟吗？"《诗经》上说："端庄恭敬的文王啊！光明磊落，知其所当自处。"作为国君，要达到仁的境界；作为臣子，要达到敬的境界；作为子女，要达到孝的境界；作为父母，要达到慈的境界；和国人交往，要达到信的境界。

子曰："听讼，吾犹人也，必也使无讼乎①！"无情者不得尽其辞，大畏民志②。此谓知本③。

注释

①听讼，吾犹人也，必也使无讼乎：审理案件，我和别人差不多，一定要说有什么不同的话，那就是我想让案件从根本上不再发生。

②无情者不得尽其辞，大畏民志：要使没有真凭实据的一方不敢肆意狡辩，德行张大到使民众从内心敬畏。郑玄认为："情，犹实也。大畏其心志，使诚其意，不敢讼。"

③本：根本。郑玄认为："本，谓诚其意也。"

译文

孔子说:"审理诉讼案件,我和别人没什么不同;一定要说有什么不同的话,那就是我想使诉讼从根本上不再发生。"要使没有真凭实据的一方不得肆意狡辩,德行张大到使民众从内心敬畏。这就叫作知道事情的根本。

所谓修身在正其心者:身有所忿懥①,则不得其正;有所恐惧,则不得其正;有所好乐,则不得其正;有所忧患,则不得其正。心不在焉②,视而不见,听而不闻,食而不知其味。此谓修身在正其心。

注释

① 忿懥(zhì):愤怒。
② 心不在焉:意思是如果心不在其位。

译文

所谓要修养好自身的品德首先要端正自己的内心:自身有所愤怒,内心就不能端正;自身有所恐惧,内心就不能端正;自身有所喜好,内心就不能端正;自身有所忧虑,内心就不能端正。当你心不在其位的时候,就会视而不见,就会听而不闻,就会吃东西不知滋味。这就叫作要修养好自身的品德首先要端正自己的内心。

　　所谓齐其家在修其身者：人之其所亲爱而辟焉①，之其所贱恶而辟焉，之其所畏敬而辟焉，之其所哀矜而辟焉，之其所敖惰②而辟焉。故好而知其恶，恶而知其美者③，天下鲜矣！故谚有之曰："人莫知其子之恶，莫知其苗之硕。"④此谓身不修不可以齐其家。

注释

　　①人之其所亲爱而辟焉：因为人的看法往往对自己所亲爱的人会有所偏颇。

　　②敖惰：傲慢怠惰，也有"瞧不起"的意思。敖，通"傲"，傲慢。

　　③故好而知其恶，恶而知其美者：喜爱一个人而能知道他的缺点，厌恶一个人而能知道他的优点。

　　④"故谚有之曰"二句：人们都看不到自己儿子的毛病，也都看不到自己的庄稼已经长得够好了。

译文

　　想要整顿好自己的家庭，首先要做好自身的修养：是因为人对于其所亲爱的人的看法往往会有所偏颇，对自己所厌恶的人的看法往往会有所偏颇，对自己所敬畏的人的看法往往会有所偏颇，对自己所怜悯的人的看法往往会有所偏颇，对自己所轻视的人的看法往往会有所偏颇。所以，喜欢一个人而知道他的缺点，讨厌一个人而知道他的优点的人，天下少有啊！所以有句谚语说："没有人知道自己儿子不好，没有人知道自己的庄稼已经长得够好了。"这就叫作不做好自身的修养就不能以此来整顿好自己的家庭。